챗GPT와 여행

인공지능총서

인공지능 시대입니다. 기계가 인간의 인지를 대신하고, 사물이 인간을 통하지 않고 다른 사물과 직접 커뮤니케이션합니다. 이에 따른 인간 삶과 문명 변화를 정확히 이해·예측·대응하는 것은 이 시대 우리 모두의 과제입니다. 인공지능총서는 인공지능 기술과 환경의 여러 주제를 10가지 키워드로 정리합니다. 관련 개념과 이론, 학계와 산업계의 쟁점, 우리 일상의 변화를 다룹니다. 인간과 기술의 현재, 미래를 세심히 분석합니다.

일러두기

- 인명, 작품명, 저서명, 개념어 등은 한글과 함께 괄호 안에 해당 국가의 원어를 병기했습니다.
- 외래어 표기는 현행 어문규정의 외래어표기법을 따랐습니다.

챗GPT와 여행

김민준·양은정

대한민국, 서울, 커뮤니케이션북스, 2025

챗GPT와 여행

지은이 김민준·양은정
펴낸이 박영률

초판 1쇄 펴낸날 2025년 2월 27일

커뮤니케이션북스(주)
출판 등록 2007년 8월 17일 제313-2007-000166호
02880 서울시 성북구 성북로 5-11
전화(02) 7474 001, 팩스(02) 736 5047
commbooks@commbooks.com
www.commbooks.com

ISBN 979-11-7307-754-8 03500

책값은 뒤표지에 표시되어 있습니다.

차례

여행의 미래: 챗GPT와 함께하는 스마트 여행 vii

01 인공지능과 여행의 만남 1

02 챗GPT와 여행지 선택 9

03 챗GPT와 함께하는 여행 계획 17

04 챗GPT를 통한 문화의 이해 25

05 테마 여행의 가이드 챗GPT 33

06 챗GPT와 함께하는 가상 여행 41

07 위급 상황의 해결사 챗GPT 49

08 여행 후기 공유를 위한 챗GPT 59

09 챗GPT와 관광 산업의 공존 69

10 인공지능과의 동행 77

여행의 미래: 챗GPT와 함께하는 스마트 여행

AI와 챗GPT의 등장

21세기의 기술 혁명은 우리의 삶을 근본적으로 변화시키고 있다. 그 중심에는 인공지능(AI)이 있다. AI는 우리의 일상, 산업, 그리고 사회 전반에 걸쳐 깊숙이 자리 잡았으며, 이제 여행이라는 인간 경험의 본질적인 영역에서도 새로운 가능성을 열어가고 있다. 때로는 친구처럼, 때로는 전문가처럼 대화하듯 나에게 정보를 알려 줄 수 있고 상호 작용이 가능한 챗GPT가 등장함에 따라 개인의 여행뿐만 아니라 여행 산업 전반에 걸쳐 혁신적인 변화가 일어나고 있다. 언어의 제약 없이 내가 원하고자 하는 답을 얻기 위해 질문을 하면 챗GPT는 기다렸다는 듯이 우리에게 답을 알려 준다. 질문이나 요청 사항이 자세할수록 챗GPT는 더욱 심화된 맞춤형 답변을 제시해 주며, 사용자의 눈높이에 맞춰 정보를 제공한다.

여행은 인간의 삶에서 빼놓을 수 없는 활동이다. 새로운 문화를 접하고, 자연을 탐험하며, 타인과 연결되는 여행의 경험은 우리의 삶을 더욱 풍요롭게 만들어 준다. 그러나 때때로 여행은 많은 시간과 자원이 요구되는 복잡한 과정이기도 하다. 여행지 선택부터 여행 예산에 맞는 일정 계획, 숙소 예약, 교통수단 확보, 안전과 효과적 여행을 위한 현지 문화 이해, 그리고 예기치 못한 상황에 대처하는 모든 과정은 여행자에게 부담으로 다가올 수 있다. 심지어 동반자와 함께 여행을 계획하는 도중에 지레 겁을 먹거나 갈등을 일으켜서 여행 자체를 떠나지 못하게 되는 경우도 있다.

여기서 챗GPT와 같은 인공지능은 여행의 동반자로서 큰 역할을 할 수 있다. 챗GPT는 방대한 데이터를 바탕으로 사용자의 취향과 필요에 맞춘 맞춤형 정보를 제공하며, 여행자들이 여행의 본질에 더욱 집중할 수 있도록 도울 수 있다. 이 책은 이러한 맥락에서 챗GPT가 어떻게 여행의 모든 순간에서 유용하게 활용될 수 있는지를 탐구하고자 한다. 나아가 관광 산업의 공존과 인공지능과의 동행을 다루면서 여행 도우미 너머의 역할과 영향에 대해서 탐구한다.

여행과 챗GPT의 동행

챗GPT의 등장은 여행 준비 과정에서 정보 과잉으로 인한 혼란을 줄이고, 여행자가 자신에게 꼭 맞는 정보를 효율적으로 찾을 수 있도록 돕는다. 복잡한 여정을 단순화하고, 낯선 환경에서 발생할 수 있는 스트레스를 경감하며, 새로운 문화에 대한 이해를 높여 주는 도구로 자리잡은 것이다. 여행은 단순한 이동이 아니라 삶의 질을 향상시키는 경험이며, 챗GPT는 이 경험을 한층 더 특별하게 만들어 준다.

『챗GPT와 여행』은 이러한 변화의 한가운데에서 여행이 어떻게 진화하고 있는지를 탐구한다. 여행은 단순히 새로운 장소를 방문하는 행위에 그치지 않고, 개인의 관심사와 목적에 따라 설계되고 재구성되는 경험으로 변모하고 있다. 이 책은 인공지능, 특히 챗GPT가 여행의 준비와 실행, 심지어 그 여운까지도 어떻게 풍요롭게 만들어 주는지에 대해 체계적으로 다룬다. 또한 기술과 여행이 만나는 지점을 탐구하는 동시에 여행자들에게 새로운 도구와 관점을 제시한다. 여행은 단순히 목적지를 향한 이동이 아니라 자신을 발견하고 타인과 소통하며 세상을 이해하는 과정이다. 이 과정에서 챗GPT는 단순한 기술 이상의 의미를 가지며 우리의 여행 경험을 풍요롭게 만들어 줄 수 있다.

챗GPT는 언제나 옳을까?

챗GPT는 방대한 데이터에 기반해 정보를 제공하지만 모든 정보가 항상 정확하거나 최신일 수는 없다. 여행과 관련된 정보는 시간에 따라 변동성이 크며, 잘못된 정보로 인해 여행자에게 불편을 줄 수도 있다. 예를 들어 특정 호텔의 가격, 교통편 시간표, 또는 관광 명소의 운영 시간이 실제와 차이가 존재할 수 있다. 또한 챗GPT는 정보를 제공할 때 사용자의 요청이 없다면 명확한 출처를 제시하지 않기 때문에 사용자가 제공된 정보를 검증하기 어려운 경우도 있다.

챗GPT가 학습하는 데이터는 특정 업체나 브랜드에 편향될 가능성도 존재한다. 이로 인해 일부 여행사나 호텔이 과도하게 추천되거나 특정 지역의 정보가 더 많이 노출되는 현상이 발생할 수 있다. 이러한 편향은 사용자가 다양한 선택지를 공정하게 탐색하는 데 방해가 될 수 있다. 챗GPT는 이러한 문제점을 인지하고 있고, 여러 한계점을 보완하기 위해 다양한 노력을 하고 있다. 지금 이 순간에도 말이다.

따라서 여행자는 생성형 인공지능을 활용하여 더욱 편리하고 풍부한 경험을 누릴 수 있지만 제공된 정보를 비판적으로 검토하고 자신의 판단을 보완하려고 노력할 필요가 있다. 따라서 여행자는 생성형 인공지능을 활용하여 더욱 편리하고 풍부한 경험을 누릴 수 있지만 제공된 정보를 비판적으로 검토하고 자신의 판단을 보완하려고 노력할 필요가 있다. 핵심은 앞으로 사람이 잘할 수 있는 것과 챗GPT가 잘할 수 있는 것을 명확하게 구분하고, 챗GPT의 기능과 특징을 최대한 잘 활용할 수 있는 역량을 구축하는 것이다. 단순히 챗GPT가 제공하는 정보를 그대로 수용하거나 챗GPT가 요약한 정보에서 창의적인 아이디어를 이끌어내지 못한다면 결과적으로 챗GPT에 종속되는 결과를 낳을 것이다.

앞으로 더 정교하고 편리한 인공지능 기술이 사회에 제공될 것이다. 이러한 기술을 사용하는 사람과 사용하지 않는 사람의 역량은 전례 없는 수준으로 격차가 벌어질 수 있다. 챗GPT를 포함한 인공지능 기술을 잘 활용하여 창의적인 아이디어를 도출하고 인류 사회의 맥락에 맞는 독창적인 문제 해결과 시사점을 이끌어내는 사람과 그렇지 못한 채 수동적으로 챗GPT의 결과물을 수용하는 사람은 역시 그 역량에서 엄청난 격차가 벌어지는 사회가 올 것이다. 이 글을 읽는 독자는 인간의 역량과 인공지능의 역량을 효과적이고 유연하게 접목하여 능동적으로 기술 발전의 시대를 이끌어가길 희망한다.

이 책의 구성

『챗GPT와 여행』은 10개의 핵심 주제를 중심으로 구성되어 있다. 각 장은 여행의 특정 측면과 분야를 심층적으로 다루며 챗GPT의 역할과 그 중요성을 탐구한다. 주제 선정 기준은 다음과 같이 크게 4가지로 분류할 수 있다. 첫째, 여행의 기본 요소다. 여행지 선택, 일정 계획, 교통수단, 숙소 등 여행 준비 과정에서 필수 요소를 설명한다. 둘째, 여행 경험의 심화다. 문화의 이해, 테마 여행, 가상 여행 등 여행의 질을 높일 수 있고 새로운 방식을 탐구하는 여행 주제를 다룬다. 셋째, 위기 대응과 사후 관리다. 위급 상황 대처와 여행 후기 공유와 같이 여행 중과 여행 이후의 과정을 포괄한다. 넷째, 미래 지향적 관점이다. 챗GPT와 관광산업의 공존, 인공지능과의 동행 등 여행 산업과 기술의 미래를 논의하며 지속 가능한 여행의 방향성을 제시한다.

이 책은 각각의 주제를 독립적으로 다루면서도 모든 장이 유기적으로 연결되어 여행 과정 전반을 체계적으로 이해할 수 있도록 구성되었다. 이를 통해 독자들은 챗GPT의 활용 가능성을 종합적으로 이해할 수 있을 것으로 기대된다. 주제 선정 과정에서는 독자의 여행 경험에 실질적인 가치를 더할 수 있는 요소들을 중심으로 고려하였다. 특히 여행 준비 단계의 효율성, 여행 경험의 질적 향상, 그리고 여행 후의 공유와 정리에 이르는 모든 과정을 포괄하여, 독자들이 챗GPT를 활용해 여행을 풍요롭게 즐길 수 있고, 또한 활용할 수 있도록 돕고자 하였다. 이러한 선정 기준은 독자들에게 실용적인 도움과 함께 여행을 바라보는 새로운 관점을 제공할 것이다.

챗GPT와 같은 AI가 여행 산업에 미치는 전반적인 영향을 탐구하며 여행 계획의 새로운 패러다임을 소개한다(1장). 2장에서는 여행지 선택의 기준과 과정에서 챗GPT가 어떻게 개인의 관심사와 조건에 맞춘 추천을 제공하는지 구체적으로 다룬다. 3장에서는 일정, 숙소, 교통수단과 같은 필수적인 계획 과정을 챗GPT가 어떻게 단순화하고 최적화하는지를 살펴본다. 정보 접근성이 낮은 사용자에게도 실질적인 도움을 제공하는 챗GPT의 역할이 강조된다. 4장에서는 여행 중 현지 문화를 이해하고 소통하는 데 있어 챗GPT가 어떻게 언어와 관습, 예절 정보를 제공하며 여행을 풍요롭게 만드는지 다룬다. 5장에서는 부캐 여행, 미식 여행, 웰니스 여행 등 다양한 테마 여행에서 챗GPT가 제공하는 맞춤형 정보와 영감을 통해 여행의 깊이를 더하는 방식을 탐구한다. 6장은 물리적 제약을 넘어 가상 현실과 결합한 AI 기반 여행이 어떻게 새로운 형태의 여행 경험을 제공하는지를 보여준다. 7장에서는 여행 중 예기치 못한 위기 상황에서 챗GPT가 실시간으로 제공하는 대처 방안과 정보가 여행자에게 얼마나 유용한지를 설명한다. 8장은 여행 후 경험을 정리하고 공유하는 과정에서 챗GPT가 작성 도우미로서 제공하는 창의적이고 효율적인 지원을 다룬다. 9장에서는 챗GPT가 여행자뿐만 아니라 여행 업계 전반에 미치는 영향을 분석하며, 관광 산업과 AI의 공존 가능성을 모색한다. 마지막 10장은 AI와 함께하는 여행의 미래를 조망하며, 여행이 인간 경험의 본질을 어떻게 재정의할 수 있는지에 대해 심도 있게 논의한다.

이 책은 독자들에게 단순한 안내서를 넘어서 여행의 새로운 시대를 여는 길잡이가 되기를 희망한다. 여행은 끊임없이 변화하고 발전하는 인간 경험의 한 형태이며 인공지능과 함께하는 여행은 그 변화의 중심에 있다. 챗GPT는 독자들에게 새로운 가능성을 제시하며, 그들의 여행이 단순한 이동을 넘어서 한층 더 깊고 풍부한 경험으로 이어지도록 돕는다.

여행은 삶의 일부이며 동시에 우리를 삶 밖으로 나아가게 하는 특별한 순간이다. 이 책을 통해 독자 여러분이 챗GPT와 함께 새로운 여행의 차원을 경험하고, 보다 창의적이고 의미 있는 여정을 설계할 수 있기를 바란다. 또한 인공지능과 여행이 조화롭게 공존하고 여행 산업 전반이 긍정적인 방향으로 나아가길 희망한다.

01
인공지능과 여행의 만남

인공지능은 여행을 단순한 탐험이 아닌 맞춤형 경험으로 변화시키고 있다. 여행 준비에서 AI는 방대한 데이터를 분석해 최적의 경로와 예산 계획을 제공하며, 실시간 번역과 정보 제공으로 언어 장벽을 허문다. 또한 AI는 여행자 데이터를 활용해 개인의 취향에 맞는 서비스를 제안하며 여행의 편리함과 만족도를 동시에 높이고 있다. 하지만 개인 정보 보호와 AI 의존성 문제도 여전히 과제로 남아 있다. 인공지능과 함께하는 여행의 시대는 새로운 가능성과 도전 과제를 동시에 직면하고 있다.

여행의 새로운 패러다임

21세기에 들어서면서 인공지능(AI)은 인간의 삶 전반에 걸쳐 빠르게 자리를 잡아가고 있다. 특히 사람들의 여가 활동 중 하나인 여행 분야에서도 그 영향력은 점차 커지고 있다. 과거에는 여행을 계획할 때 정보 수집부터 예약까지 모든 과정이 지인, 여행 책자, 여행 정보 회사 등을 통해 개인의 수작업으로 이루어졌으나 AI의 발전으로 이 과정은 더 간편하고 효율적으로 변화했다(최한정, 2024).

관광 트렌드의 변화로 여행은 단순히 새로운 장소를 방문하는 것에서 벗어나 개인의 취향과 관심사를 반영한 맞춤형 경험을 추구하는 방향으로 변화하고 있다(최동석 외, 2014). AI는 이런 변화의 중심에서 혁신적인 역할을 하고 있고, 가능성을 가지고 있다. 여행 준비와 경험의 모든 과정에서 AI가 어떻게 우리의 삶을 바꾸고 있는지 그리고 이로 인해 나타나는 새로운 현상들을 알아본다.

여행 준비 단계에서의 AI 활용

여행을 계획할 때 가장 먼저 고민하게 되는 것은 어디로 갈 것인가, 어떻게 그곳에 도착할 것인가, 무엇을 볼 것인가 등이다. 과거에는 여행사를 통해 하나하나 일정을 계획하거나 지인에게 물어보거나 직접 인터넷에서 정보를 검색해야 했지만 이제는 AI가 이 과정을 대신해 주고 있다.

예를 들어 구글 트립스(Google Trips)나 챗GPT와 같은 AI 기반 여행 도구들은 사용자가 원하는 목적지, 예산, 취향 등을 입력하면 이에 맞는 최적의 여행 경로를 추천해 준다. 이러한 도구들은 인터넷에 산재한 방대한 데이터를 빠르게 분석하고 항공편부터 숙소까지 비교해 준다. 또한 각 지역의 관광 명소나 레스토랑 추천까지도 개인 맞춤형으로 제공한다(김형복, 2024).

특히 여행 준비 단계에서 AI가 제공하는 예산 최적화는 많은 여행자들에게 큰 이점을 준다. 항공권 예약 플랫폼들은 AI 알고리즘을 통해 가장 저렴한 항공권을 검색하고 가격 변동을 예측하여 사용자가 최적의 시점에 예약할 수 있도록 도와준다. 예를 들어 특정 날짜에 티켓 가격이 내려갈 가능성을 알려 주는 알림 기능은 많은 사람들이 비용을 절감할 수 있게 하는 역할을 하고 있다.

이러한 AI의 도움 덕분에 여행 계획에 들이는 시간과 노력이 크게 줄어들었다. 특히 여행지가 익숙하지 않은 곳일수록 AI는 여행자에게 보다 정확하고 효율적인 정보를 제공하는 데 도움을 줄 수 있다. 이는 단순히 시간을 절약하는 것 이상의 의미가 있으며, AI는 여행자 개개인의 취향과 필요에 맞는 계획을 만들어 주므로 과거보다 더 많은 사람들이 보다 자유롭고 자신에게 맞는 여행을 즐길 수 있게 되었다.

여행 경험의 혁신: AI 가이드와 실시간 도움

여행 중 AI의 역할도 더욱 커지고 있다. 예를 들어 언어 장벽을 뛰어넘을 수 있도록 도와주는 AI 번역기와 AR 기술은 여행자의 경험을 혁신적으로 변화시키고 있다. 과거에는 외국어를 잘하지 못하면 현지에서 의사소통이 어려워 여러 불편을 겪었지만, 이제는 AI가 실시간 번역을 제공해 주면서 언어 문제를 해결해 준다. 구글 번역기, 파파고 같은 AI 번역 앱을 사용하면 여행자들은 현지인과 더 쉽게 소통할 수 있고 메뉴판 실시간 번역 기능을 통해 쉽게 주문을 할 수 있다. 또한 증강 현실(AR)을 활용한 여행 가이드 앱들은 현지에서 길을 찾거나 명소에 대한 정보를 제공하는 데 큰 도움을 준다. 예를 들어 스마트폰 카메라를 통해 특정 장소를 비추면, 그 장소에 대한 정보가 화면에 표시되거나 실시간으로 길 안내가 이루어진다. 덕분에 여행자는 여행 도중에도 새로운 정보를 실시간으로 얻을 수 있고 자신이 관심 있는 장소나 활동에 더 집중할 수 있다.

AI와 여행자 데이터: 맞춤형 경험의 실현

AI의 또 다른 강점은 여행자의 데이터를 분석하여 맞춤형 경험을 제공할 수 있다는 점이다. AI는 사용자의 과거 여행 기록, 관심사, 온라인 활동 등을 분석해 개인 맞춤형 여행 계획을 추천해 준다. 예를 들어 한 사용자가 이전에 바다를 좋아했다면, AI는 해변이 있는 여행지를 우선적으로 추천해 주거나 축제를 좋아하는 사람에게는 지역의 축제 정보를 추천해 줄 수 있다. 이처럼 AI는 개인의 취향을 정확히 분석하여 더욱 만족스러운 여행 경험을 제공한다.

또한 AI는 여행 도중에도 사용자의 취향과 필요에 맞는 실시간 추천을 제공할 수 있다. 예를 들어 여행 중에 일정이 바뀌었을 때 AI는 새로운 스케줄에 맞춰 빠르게 대체 경로를 제시해 줄 수 있으며, 현지 날씨나 교통 상황에 맞는 최적의 활동을 추천해 주기도 한다. 이러한 맞춤형 서비스는 단순히 여행의 편리함을 넘어 여행 경험 자체의 질적 향상으로 이어진다.

AI의 도전 과제 및 미래 전망

그러나 AI가 여행에 미치는 긍정적인 영향만 있는 것은 아니다. AI가 개인 맞춤형 경험을 제공하기 위해서는 사용자의 데이터를 수집하고 분석해야 하는데, 이는 개인정보 보호 문제를 야기할 수 있다. 또한 AI에 대한 지나친 의존은 여행자가 스스로 계획을 세우고, 예상치 못한 상황에서 유연하게 대처하는 능력을 약화시킬 가능성도 있다.

그럼에도 불구하고 AI는 앞으로 여행 산업에서 중요한 역할을 할 것으로 기대된다. 스마트 관광(Smart Tourism)의 발전과 함께 AI는 더 많은 데이터를 활용해 더욱 정교한 여행 추천과 계획을 제공할 것이다. 또한 여행자들은 보다 안전하고 편리하게 여행할 수 있도록 AI 기술이 계속해서 발전할 것이다. 미래에는 AI가 더욱 인간의 여행 경험을 풍부하게 만들어 줄 것으로 기대된다.

인공지능과 함께하는 새로운 여행의 시대

AI의 발전은 여행 산업에 혁신적인 변화를 가져왔고 앞으로 더 영향력이 확대될 것이다. 과거에는 여행을 위해 많은 시간을 들여야 했던 계획 과정이 이제는 AI 덕분에 더 빠르고 효율적으로 이루어진다. 이는 여행에서 '정보의 격차'를 해소해 줄 수 있으며 지역별, 국가별로 여행 산업의 활성화와 다양화를 이끌어 줄 수 있을 것이다. 또한 AI는 여행 중에도 실시간으로 도움을 주며, 여행자 개인의 취향에 맞는 맞춤형 경험을 제공한다. 인공지능과 함께하는 여행은 이제 단순한 탐험이 아닌 더 깊고 의미 있는 경험으로 진화하고 있다. 앞으로 여행은 인공지능과 함께 새로운 가능성을 열어갈 것이다.

참고문헌

김형복(2024.12.16). 여행의 판도를 바꾸는 AI 혁명. 브런치스토리.

최동석 외(2014). 온라인 여행커뮤니티 정보특성이 사용자의 수용과 확산에 미치는 영향. ≪관광연구저널≫, 199-212.

최한정(2024.11.4). AI에게 맡기는 여행 계획, 제가 먼저 해봤습니다. 오마이뉴스.

02
챗GPT와 여행지 선택

여행은 장소 선택으로 시작된다. 여행지는 계절, 목적, 예산, 동반자 등 수많은 요인에 따라 달라지며, 때로는 정보의 과잉 속에서 결정의 어려움을 느끼기도 한다. 이러한 순간, 챗GPT는 훌륭한 동반자가 될 수 있다. 이번 장에서는 챗GPT가 여행지 선택 과정에서 어떻게 활용될 수 있는지 그리고 여행 시기, 목적, 수요 계층별로 어떤 도움을 줄 수 있는지 구체적으로 살펴본다.

여행의 첫 단추, 여행지 선택

여행을 떠나겠다고 마음먹었을 때 가장 먼저 부딪히는 질문은 "어디로 갈까?"다. 여행은 여행지 선택으로 시작된다. 이 과정은 단순한 결정이 아니라 여행자의 시간, 자원, 기대감이 한 데 엮인 중요한 의사 결정의 순간이다. 그러나 선택의 폭이 넓어질수록 혼란은 커지고 어디를 가야 할지 고민하다 결국 여행을 포기하는 경우도 드물지 않다.

이때 챗GPT 같은 인공지능 도구는 여행지 선택 과정에서 훌륭한 조력자가 될 수 있다(박근희, 2024). 목적, 예산, 관심사 등 각자의 상황과 필요를 반영해 최적의 추천을 제공하기 때문이다. 이 글에서는 챗GPT가 여행지 선택에서 어떤 역할을 할 수 있는지 그리고 여행 시기, 목적, 계층에 따라 어떻게 활용될 수 있는지 구체적으로 살펴본다.

여행지 선택의 기준: 수요의 다양성

여행지 선택 기준은 사람마다 다르다. 어떤 이는 해외로 떠나 새로운 문화를 경험하기를 원하고 또 어떤 이는 집 근처에서의 짧은 휴식에 만족한다. 계절과 날씨, 예산, 동반자 여부 등도 중요한 요인이다.

챗GPT는 이러한 기준을 종합적으로 고려할 수 있는 능력을 갖추고 있다. 사용자가 단순히 "이번 겨울에 갈 만한 여행지 추천해 줘"라고 물으면, 챗GPT는 여행자의 선호를 반영한 답변을 제공한다. 예컨대 따뜻한 기후를 선호한다는 정보가 있다면 동남아시아의 인기 있는 여행지를 추천하거나 특정 예산 범위를 설정하면 그에 맞는 국내 여행지를 안내할 수도 있다.

챗GPT가 여행지 선택 과정에서 가지는 가장 큰 장점은 방대한 데이터 기반의 빠른 응답성이다. 사용자가 선호하는 여행지를 보다 구체적으로 묘사할수록 더 정교한 추천을 받을 수 있다. "산이 있는 조용한 여행지" 같은 추상적인 질문에도 적합한 여행지를 제안하며, 심지어 사용자와 대화를 통해 더 나은 대안을 찾아준다.

여행 시기와 챗GPT의 역할

여행 시기는 여행지 선택에서 중요한 기준 중 하나다. 성수기와 비수기의 차이, 날씨나 지역 축제 등은 여행 경험에 큰 영향을 미친다. 챗GPT는 특정 시기에 적합한 여행지를 추천하는 데 유용하다.

예를 들어 "내년 봄에 한국에서 가장 아름다운 벚꽃 명소는 어디일까?"라고 질문하면, 챗GPT는 경주의 불국

사, 진해의 군항제, 서울의 여의도 공원을 추천한다. 또한 특정 날짜에 개최되는 지역 축제나 주요 이벤트까지 알려 주어 여행 계획의 폭을 넓혀준다.

챗GPT는 여행 시기에 따른 최적의 경험을 제공하기 위해 기후 데이터, 지역 이벤트 일정 등 다양한 정보를 종합한다. 예를 들어 여름휴가를 계획하는 사용자를 위해 한적한 해변과 물가가 좋은 여행지를 안내하고, 겨울에는 스키 리조트나 온천 여행지를 추천할 수 있다. 이러한 정보는 단순히 장소를 나열하는 것을 넘어 사용자의 여행 목적과 취향에 맞춘 개인화된 제안을 가능하게 한다.

챗GPT의 가장 큰 장점 중 하나는 사용자의 질문을 학습하고 계속해서 업데이트가 가능하여 소통을 많이 할수록 구체적인 답변을 제시해 준다는 점이다. 사용자가 챗GPT에게 많은 양의 정보를 제공해 준다면 말 그대로 사용자에 대한 학습량이 늘어나 더욱 선호도에 맞는 답변을 제공해 줄 수 있다.

여행 목적별 맞춤형 추천

여행 목적은 단순한 관광부터 휴식, 자기계발, 가족과의 시간 등 다양하다. 챗GPT는 이러한 목적별로 최적의 여행지를 제안할 수 있다.

'휴식을 위한 여행'은 스트레스 해소와 재충전을 원하는 사람에게 챗GPT는 조용하고 자연이 가까운 장소를 추천한다. 예를 들어 "요가와 명상을 할 수 있는 해외여행지를 추천해 줘"라는 질문에는 발리의 우붓처럼 자연과 웰니스 프로그램이 어우러진 장소를 안내할 것이다.

'역사와 문화 탐방'은 역사적인 장소나 문화적 체험을 원하는 여행자에게 챗GPT는 여행지의 역사적 배경과 주요 명소를 함께 추천한다. "유럽에서 고딕 양식을 감상할 수 있는 도시"라는 질문에는 프라하, 바르셀로나, 쾰른과 같은 도시를 제안하며, 추가적으로 방문할 명소와 활동까지 제공할 수 있다.

'액티비티 중심'의 스포츠나 모험 활동을 즐기는 여행자에게는 등산, 스쿠버다이빙, 패러글라이딩 등 특정 활동이 가능한 여행지를 추천한다. 예를 들어 "겨울 스포츠를 즐길 수 있는 곳"이라는 질문에 알프스나 일본의 니세코 같은 스키 리조트를 추천할 수 있다.

수요 계층별 여행지 추천: 가족, 커플, 나홀로 여행자

여행자는 나이, 사회적 상황, 동반자에 따라 다른 요구를 가진다. 챗GPT는 이러한 계층별 특성을 반영해 여행지를 추천할 수 있다.

예를 들어 가족 여행은 어린 자녀가 있는 가족에게는 키즈 프렌들리 시설이 있는 리조트나 테마파크를 추천할 수 있다. "아이들과 함께 갈 만한 국내 여행지"를 묻는다면 서울랜드, 경주월드, 또는 제주도의 아쿠아플라넷 같은 장소를 제안할 것이다.

커플 여행의 경우 낭만을 원하는 커플에게는 프라이빗한 숙소와 풍경이 아름다운 여행지를 추천한다. "유럽에서 가장 로맨틱한 여행지는 어디야?"라는 질문에는 베네치아, 파리, 산토리니 같은 도시를 소개하며 커플에게 적합한 특별한 활동을 제안할 수도 있다.

솔로 여행자는 어떨까? 혼자만의 시간을 갖고 싶거나 새로운 사람들을 만나고 싶은 솔로 여행자에게는 안전하면서도 다양한 경험을 제공하는 여행지가 적합하다. 챗GPT는 여행자 커뮤니티가 활성화된 지역, 예를 들어 태국의 치앙마이 같이 디지털 노마드들이 많이 모이는 도시를 추천할 수 있다.

챗GPT와 함께하는 새로운 여행지 선택

챗GPT는 단순한 검색 도구를 넘어 여행지 선택에서 사용자의 동반자 역할을 한다. 개인화된 데이터 기반으로 다양한 선택지를 제시하며 여행자의 요구와 환경에 따라 적합한 방향을 안내한다(김현명 외, 2023). 이는 특히 경험이 부족한 여행자나 계획 수립에 어려움을 겪는 사람들에게 큰 장점으로 작용한다.

결국 여행지 선택은 단순히 장소를 정하는 것을 넘어, 여행의 방향과 목적을 구체화하는 과정이다. 챗GPT는 이 과정을 보다 쉽고 즐겁게 만들어 준다. 개인 취향을 반영할 수 있고 여행 동반자와 함께 만족할 수 있는 여행지 선택에서 챗GPT는 훌륭한 역할을 할 수 있다. 여행 선호도에 따른 여행 멤버들의 갈등을 조기에 예방할 수도 있을 것이다.

누구나 자기만의 기준에 맞는 완벽한 여행을 계획할 수 있도록 챗GPT는 계속해서 발전하고 있다. 앞으로 여행은 단순한 선택이 아니라 여행자와 AI가 협력해 만들어 가는 특별한 여정이 될 것이다.

참고문헌

김현명 외(2023). 챗GPT 의 환각효과와 관광 목적지 선택의 의사결정 과정. 한국경영정보학회 정기 학술대회, 593-598.

박근희(2024.7.27). "여름휴가 속초 가성비 코스는?" 챗GPT 켜고 떠난 팩트체크 여행. 조선일보.

03
챗GPT와 함께하는 여행 계획

여행은 일정, 숙소, 교통수단 등 모든 요소가 조화롭게 어우러질 때 만족감이 높아질 것이다. 하지만 이러한 과정은 시간과 노력을 요구한다. 특히 정보 접근성이 낮은 이들에게는 큰 장벽으로 작용한다. 챗GPT는 이 모든 과정을 간소화하고 사용자 맞춤형 정보를 제공하며 여행자에게 필요한 조언과 대안을 실시간으로 제시하는 동반자가 된다.

여행 계획의 필수 요소

여행을 떠나기 전에 거쳐야 하는 단계는 생각보다 많다. 여행 일정 수립, 숙소 예약, 교통수단 확보 등은 그 자체로 시간과 노력이 드는 과정이다. 특히 해외여행의 경우, 언어 장벽과 정보의 방대함으로 인해 계획 단계에서부터 어려움을 겪는 경우가 많다. 반면 국내 여행이라고 해서 이러한 과정이 단순한 것은 아니다. 정보가 넘쳐 나는 현대 사회에서 여행자는 필요한 정보를 골라내는 것부터 어려움을 느낄 수 있다(이동철, 2004).

챗GPT는 이러한 여행 계획 과정에서 강력한 도구로 자리 잡고 있다. 단순한 검색 엔진 이상의 역할을 하며, 사용자와의 대화를 통해 보다 구체적이고 개인화된 계획을 세울 수 있도록 돕는다(이창석 외 2023). 이 장에서는 챗GPT가 여행 일정, 숙소, 교통수단 선택 과정에서 어떤 역할을 할 수 있는지, 그리고 정보 접근성이 낮은 계층에게 어떻게 유용하게 활용될 수 있는지 살펴본다.

일정 계획: 정보의 정리와 최적화

여행 일정은 여행의 성공 여부를 좌우하는 중요한 요소다. 일정이 지나치게 빡빡하거나 느슨하면 여행의 질이 떨어질 수 있다. 챗GPT는 사용자가 원하는 목적지와 시간을 입력하면 최적의 일정을 구성할 수 있도록 도와준다.

예를 들어 사용자가 "파리에서 3일 동안 방문할 만한 장소와 이동 경로를 추천해 줘"라고 요청하면 챗GPT는 에펠탑, 루브르 박물관, 몽마르트르 언덕과 같은 주요 명소를 포함한 효율적인 동선을 제안할 수 있다. 또한 명소마다 소요 시간과 추천 방문 시간을 추가적으로 안내하며 사용자와의 대화를 통해 일정을 조정할 수도 있다. 만약 여행 기간을 더 길게 설정해서 물어본다면 대표적인 랜드마크 외에 숨겨진 명소를 추천해 줄 수 있을 것이다.

챗GPT는 일정 계획에서 방대한 데이터 분석 능력을 활용한다. 단순히 명소를 나열하는 것이 아니라 방문객 리뷰, 인기 순위, 이동 거리 등을 종합적으로 고려해 최적의 스케줄을 제공할 수 있다. 또한 "아이와 함께 가기에 좋은 일정" 혹은 "비 오는 날에도 즐길 수 있는 활동"처럼 구체적인 요청에도 대응할 수 있기 때문에 그 활용성은 사용자에 따라 거대하다고 볼 수 있다.

숙소 예약: 맞춤형 검색과 추천

숙소 선택은 여행 경비와 경험에 큰 영향을 미친다. 누군가에게 숙소는 단순히 머무는 공간 이상의 의미를 가지며 여행의 편안함과 만족도를 좌우한다. 챗GPT는 사용자의 예산, 선호 위치, 숙소 유형(호텔, 게스트하우스, 에어비앤비 등)을 기반으로 최적의 숙소를 추천해 준다.

숙소 예약에서 챗GPT의 강점은 여행자의 구체적인 요구를 이해하고, 이에 맞는 옵션을 제공하는 데서 발휘된다. 예를 들어 "조용하고 커피숍이 근처에 있는 숙소" 또는 "야경이 보이는 숙소"와 같은 조건도 반영할 수 있다. 이는 단순히 검색 결과를 나열하는 것 이상의 개인화된 경험을 제공한다. 국내뿐만 아니라 해외여행지에서 숙소를 선정하는 것은 해당 지역의 스키마가 없다면 굉장히 곤란한 일이 아닐 수 없다. 그러나 챗GPT는 학습된 데이터를 바탕으로 구조화된 정보를 제공해 줄 수 있기 때문에 여행객의 선호도에 따라서 내가 원하는, 나만의 요구가 반영된 최적의 숙소를 추천해 줄 수 있다.

숙소의 테마와 위치적 특성뿐만 아니라 예산을 고려한 검색도 물론 가능하다. 예를 들어 "서울 강남에서 10만 원 이하의 호텔을 추천해 줘"라고 하면 챗GPT는 여러 예약 플랫폼의 데이터를 분석해 사용자의 조건에 부합하는 옵션을 제시한다. 또한 각 숙소의 장단점과 사용자 리뷰를 요약하여 제공함으로써 사용자가 쉽게 결정을 내릴 수 있도록 돕는다. 물론 숙소비와 같은 유동성 있는 실시간성 정보를 지금 당장 정확하게 반영하기는 어려울 것이다. 하지만 호텔 정보를 실시간으로 담을 수 있고 자체 갱신이 가능한 AI플랫폼을 개발한다면 이러한 문제는 쉽게 해결될 수 있다.

교통수단의 선택과 추천

여행지에서 교통수단을 적절히 선택하는 것은 편리한 이동을 위해 필수적이다. 챗GPT는 도시 내 교통수단부터 국가 간 이동을 위한 항공편까지 다양한 옵션을 안내할 수 있다. 예를 들어 "서울에서 부산까지 가는 가장 빠른 방법은?"이라는 질문에 대해 KTX, 항공편, 고속버스 등 다양한 대안을 제시하고, 각 방법의 시간과 비용을 비교해 준다.

또한 챗GPT는 교통수단 연결 정보를 실시간으로 제공하는 데 강점을 가진다. 예를 들어 "제주공항에서 성산일출봉까지 가는 가장 편리한 방법"을 묻는다면 버스 노선, 택시 요금, 렌터카 이용 방법 등을 종합적으로 안내할 수 있다. 이 과정에서 챗GPT는 지역별 교통 시스템에 대한 최신 데이터를 기반으로 정확한 정보를 제공한다. 교통수단의 선택과 추천은 외국에서 더 큰 위력을 발휘한다. 해외에서 제공하는 다양한 교통 안내 홈페이지,

어플리케이션은 대부분 한국어를 지원하지 않는다. 특히 환승과 같은 다소 복잡할 수 있는 과정을 챗GPT는 한국어 기반으로 제공해 줄 수 있기 때문에 해외여행 시 교통 공포증을 해결해 줄 수 있다.

정보 접근성이 낮은 계층을 위한 챗GPT 활용

여행 정보에 접근하기 어려운 계층, 예를 들어 디지털 기기에 익숙하지 않은 고령층이나 외국어 능력이 부족한 사람들에게 챗GPT는 특히 유용하다. 챗GPT는 사용자 친화적인 인터페이스를 통해 복잡한 정보 검색 과정을 단순화하며 필요한 정보를 이해하기 쉽게 전달한다.

고령층 사용자는 "할인 혜택이 있는 여행 상품을 추천해 줘" 또는 "부산에서 쉽게 갈 수 있는 온천 여행지를 알려 줘"와 같은 질문을 통해 직접 검색하지 않고도 필요한 정보를 얻을 수 있다.

챗GPT는 또한 다양한 언어로 정보를 제공하므로 외국어를 모국어처럼 구사하지 못하는 사용자도 필요한 정보를 손쉽게 얻을 수 있다. 또한 음성 인식을 통해서 마치 비서처럼 알려 줄 수 있기 때문에 대화형 인공지능은 정보 접근성이 낮은 계층에게 더할 나위 없는 훌륭한 여행 도우미가 될 수 있다.

실시간 정보의 취약성

챗GPT는 강력한 도구지만 모든 정보가 완벽하게 정확한 것은 아니다. 사용자는 제공된 정보가 최신인지, 신뢰할 수 있는 출처에서 온 것인지 확인하는 과정을 거쳐야 한다. 예를 들어 숙소의 실제 가격이나 교통편 시간표는 실시간으로 변동될 수 있으므로 이를 직접 검증하는 것이 중요하다. 이는 챗GPT의 한계인 정보 학습 시점과도 밀접하게 연계되어 있으며, 이러한 한계를 극복하기 위해서는 실시간 데이터를 학습시킬 수 있는 기술 발전이 요구된다.

또한 챗GPT는 사용자와의 대화를 기반으로 작동하기 때문에 질문을 구체적으로 할수록 더 유용한 답변을 받을 수 있다. "괜찮은 숙소 추천해 줘"보다는 "서울에서 강남 지역, 10만 원 이하의 숙소, 2성급 이상 호텔을 추천해 줘"처럼 상세한 조건을 제시해야 챗GPT의 능력을 최대한 활용할 수 있다.

챗GPT와 함께 더 나은 여행 계획을

챗GPT는 일정, 숙소, 교통수단 계획에서 여행자의 든든한 동반자가 된다. 특히 정보 접근성이 낮은 계층에게는 복잡한 과정을 간소화하고, 여행 계획을 보다 쉽게 실행할 수 있도록 돕는 도구로 활용될 수 있다.

챗GPT는 단순한 검색 도구가 아니라 대화와 학습을 통해 사용자에게 최적화된 경험을 제공한다. 그러나 이와 동시에 제공된 정보를 검증하고, 이를 바탕으로 최종 결정을 내리는 것은 여전히 여행자의 몫이다. 앞으로 챗GPT와 같은 기술이 더 발전하면 여행 계획은 점점 더 쉽고 즐거운 과정이 될 것이다. 여행자는 단순한 계획 수립을 넘어 진정으로 여행을 즐길 수 있는 여유를 얻게 될 것이다.

참고문헌

이동철(2004). 관광산업의 정보 탐색을 위한 전자상거래 에이전트 시스템과 온톨리지 기술 연계.

이창석 외(2023). Travel Pattern을 활용한 플랫폼 추천 관광 경로와 실제 관광객 이동 간 비교 연구. 대한교통학회 학술대회지, 148-149.

04
챗GPT를 통한 문화의 이해

여행은 단순한 이동이 아니라 새로운 문화를 경험하는 과정이다. 언어, 관습, 예절을 이해하는 것은 현지 사람들과의 연결을 깊게 하고 여행을 더 의미 있게 만든다. 챗GPT는 이 과정에서 여행자의 든든한 안내자가 되어 실시간으로 필요한 정보를 제공하고 문화적 맥락을 쉽게 이해할 수 있도록 돕는다.

여행, 문화의 문을 열다

여행은 단순히 새로운 장소를 방문하는 것이 아니다. 그것은 한 사회의 문화적 맥락 안으로 들어가 그들의 삶의 방식과 가치를 느끼는 경험이다(이종하, 2009). 그러나 문화적 차이를 이해하지 못하면 여행은 피상적인 관찰에 그칠 수 있다. 특히 해외여행에서 해당 국가의 언어, 예절, 관습 등을 숙지하지 못할 경우 의도치 않게 실수를 범하거나 불편함을 겪는 경우가 적지 않다.

챗GPT는 여행자가 낯선 문화와 소통하고 이를 이해하는 데 유용한 도구로 활용될 수 있다. 실시간 대화를 통해 현지 문화에 대한 정보를 학습하고, 여행 중 발생할 수 있는 다양한 상황에 대처할 수 있는 조언을 제공한다. 이 장에서는 현지 문화 이해의 중요성과 이를 돕는 챗GPT의 역할에 대해 살펴본다.

현지 문화를 이해하는 즐거움

많은 이들이 해외여행을 준비하는 과정에서 그 나라의 문화를 얼마나 알고 있어야 하는지 고민한다. 문화는 그 사회의 가치와 규범, 역사를 담고 있다. 따라서 이를 이해하는 것은 단순한 여행을 넘어 그곳 사람들의 삶을 깊이 이해하는 경험으로 이어진다(김다원, 2015). 예를 들어 일본을 여행할 때 온천 입욕 예절을 이해하지 못하면 당황할 수 있고, 미국을 방문할 때 레스토랑에서의 팁 문화에 익숙하지 않다면 불편한 상황에 직면할 수 있다.

챗GPT는 여행자가 이런 문화적 차이를 사전에 이해하고 준비할 수 있도록 돕는다. 예를 들어 "일본에서 지하철을 탈 때 지켜야 할 예절은?" 또는 "인도에서 식사할 때 알아야 할 문화적 규칙은?"과 같은 질문에 대해 챗GPT는 명확하고 친절하게 답변하며 문화적 맥락까지 설명한다. 이 과정은 단순히 정보를 얻는 데서 끝나지 않고 여행자가 새로운 문화에 대한 호기심과 존중을 가지도록 돕는다.

문화적 예절: 현지인의 마음을 여는 열쇠

문화적 예절은 단순한 규칙이 아니라 사람들 사이의 관계를 형성하는 중요한 요소다. 예절을 이해하고 실천하는 것은 현지인들과의 관계를 더 친밀하게 만들어 주며 불필요한 오해를 방지할 수 있다.

챗GPT는 이러한 예절을 학습하는 데 유용한 가이드 역할을 한다. 예를 들어 "태국에서 왕실과 관련된 대화에서 주의할 점은?"과 같은 질문에 대해 챗GPT는 태국 문화에서 왕실에 대한 존중이 얼마나 중요한지 설명하며 주의해야 할 점들을 알려 준다. 이는 단순히 실수를 예방하는 것을 넘어 여행자가 현지 문화를 진정으로 존중하고 이해할 수 있도록 돕는다.

또한 챗GPT는 여행자가 예절과 관련된 구체적인 사례를 묻는 경우에도 상세한 답변을 제공한다. 예를 들어 "이탈리아에서 레스토랑에서의 팁 규칙은?"이라는 질문에 대해 관습에 따른 적절한 팁 금액과 그 배경을 설명한다. 이는 여행자가 불필요한 고민 없이 현지 문화를 더 즐길 수 있도록 돕는다.

현지 문화 학습의 실시간 동반자

여행 중 예상치 못한 상황에 직면했을 때, 챗GPT는 실시간으로 조언자 역할을 한다. 예를 들어 "독일에서 기차를 탈 때 표를 어디서 구매하나요?" 또는 "한국에서 소주를 마실 때 잔을 어떻게 들이켜야 하나요?"와 같은 질문에 즉각적인 답변을 제공한다. 이러한 도움은 여행자가 낯선 환경에서도 자신감 있게 행동할 수 있도록 해 준다.

더 나아가 챗GPT는 문화적 맥락을 설명하며 여행자가 단순히 행동을 따라 하는 데서 그치지 않고 그 배경과 이유를 이해할 수 있도록 돕는다. 이는 여행 경험을 단순히 체험으로 끝내지 않고 학습과 성찰의 기회로 전환시

킨다.

문화 장벽을 넘어서는 챗GPT

현지 언어를 배우는 것은 그 문화에 대한 가장 강력한 이해 수단 중 하나다. 그러나 모든 여행자가 여행 전에 새로운 언어를 익힐 수 있는 것은 아니다. 챗GPT는 언어 장벽을 극복하는 데 유용한 도구가 될 수 있다.

예를 들어 사용자가 "스페인어로 '감사합니다'는 뭐라고 말하나요?"라고 묻는다면 챗GPT는 "Gracias"라는 답변을 제공하며 발음까지 설명할 수 있다. 더 나아가 특정 상황에서 사용할 수 있는 문장을 제공해 언어적 소통을 돕는다. 예를 들어 "이 가게에서 가장 인기 있는 메뉴를 추천해 주세요"와 같은 문장을 여러 언어로 변환하여 제안할 수 있다.

챗GPT의 가장 큰 장점은 실시간 응답이다. 여행 중 갑작스러운 상황에서 "택시를 타고 싶을 때 뭐라고 말해야 하나요?"와 같은 질문에 즉각적인 답변을 받을 수 있다. 이로 인해 여행자는 언어적 불편을 덜 느끼며 현지 사람들과 더 적극적으로 소통할 수 있는 기회를 얻게 된다.

오해를 낳을 수 있는 챗GPT

챗GPT는 많은 정보를 제공할 수 있지만 모든 문화적 상황에 대해 절대적으로 정확한 답변을 보장할 수는 없다. 특히 민감한 문화적 이슈나 현지에서만 통용되는 세부적인 관습에 대해서는 한계가 있을 수 있다. 지역별로 예절과 규칙, 현상을 받아들이는 자세와 모습에서는 차이가 존재하기 때문이다. 제사상을 예로 들면 지역별로 올려놓는 음식의 종류나 방식이 서로 천차만별이지 않은가? 따라서 중요한 문화적 행동을 실천하기 전에는 현지인의 조언이나 다른 신뢰할 수 있는 자료를 추가로 참고하는 것이 좋다.

또한 챗GPT의 답변은 대화 방식에 따라 달라질 수 있다. "그 나라에서는 무엇을 하면 안 되나요?"라는 질문보다 "특정 상황에서 주의해야 할 점은?"과 같이 구체적인 질문을 던질수록 더욱 정확한 정보를 얻을 수 있다.

챗GPT와 함께 여행을 더 깊이 이해하다

챗GPT는 여행자가 현지 문화를 이해하고 존중하며 즐길 수 있도록 돕는 유용한 동반자다. 언어 장벽을 허물고 예절을 학습하며 문화적 맥락을 탐구하는 데 챗GPT는 단순한 정보 제공자 역할을 넘어선다. 그것은 여행자와 현지 문화 사이의 다리가 되어 여행을 더욱 풍요롭게 만들어 준다.

여행은 문화와의 만남이며 챗GPT는 그 여정을 더 의미 있고 깊이 있는 경험으로 이끈다. 여행자는 챗GPT를 통해 단순히 새로운 장소를 보는 것을 넘어 그 안에 담긴 이야기를 이해하고 그곳 사람들과의 연결을 경험할 수 있다. 이것이야말로 진정한 여행의 가치가 아닐까.

참고문헌

김다원(2015). 세계시민교육 (Global citizenship education)에서 '여행'의 교육적 의미 탐색. ≪국제이해교육연구≫, 131-162.

이종하(2009). 여행에 관한 문화철학적 시론. ≪철학연구≫, 251-271.

NVIDIA(2024). NVIDIA T4. https://www.nvidia.com/ko-kr/data-center/tesla-t4/

NVIDIA(2025). NVIDIA H100 Tensor 코어 GPU. https://www.nvidia.com/ko-kr/data-center/h100/

Stanford HAI(2024). Artificial intelligence index report 2024. https://aiindex.stanford.edu/report/

05
테마 여행의 가이드 챗GPT

여행은 이제 단순한 이동을 넘어, 개성과 관심사를 반영한 테마 여행의 시대로 진입했다. 부캐 여행, 무계획 여행, 미식 여행, 저렴이 여행, 웰니스 여행 등 다양한 테마가 등장하며, 여행은 더욱 다채롭고 개인화되고 있다. 챗GPT는 이러한 테마 여행에서 맞춤형 정보를 제공하고 여행자가 자신의 취향과 목적에 딱 맞는 여정을 설계하도록 돕는다. 이번 장에서는 다양한 테마 여행의 트렌드와 이를 위한 챗GPT의 역할에 대해 살펴본다.

테마 여행, 나만의 방식으로 떠나는 여행

여행이 대중화되면서 관광객의 여행 수요도 점점 다각화되고 있다. 단순히 유명한 관광지를 방문하거나 일정을 빼곡히 채우는 방식에서 벗어나 개인의 취향과 관심사를 반영한 테마 여행이 새로운 트렌드로 자리 잡고 있다. 부캐 여행, 무계획 여행, 미식 여행, 저렴이 여행, 웰니스 여행 등 여행 테마는 점점 더 다양해지고 있으며 그만큼 계획과 정보의 필요성도 높아졌다(김나랑, 2024).

챗GPT는 이러한 테마 여행을 계획하고 실행하는 데 강력한 도구가 될 수 있다. 사용자와의 대화를 통해 개인의 관심사를 파악하고 그에 맞는 최적의 여행지와 활동을 제안하며 각 테마에 적합한 가이드를 제공한다. 이번 장에서는 테마 여행의 다양한 유형을 살펴보고 챗GPT가 테마 여행의 가이드로서 어떻게 활용될 수 있는지 알아본다.

부캐 여행: 또 다른 내가 되는 시간

부캐 여행은 자신이 평소에 하지 않던 새로운 캐릭터나 삶의 방식을 경험하는 여행이다. 이는 단순한 관광이 아니라 새로운 정체성을 탐험하는 독특한 방식으로 테마파크에서 해리포터의 세계를 체험하거나 사극 촬영지에서 전통 복장을 입고 조선 시대를 상상하는 식으로 이루어진다.

챗GPT는 부캐 여행의 기획에 최적화된 도구다. 예를 들어 사용자가 "중세 유럽 분위기를 느낄 수 있는 여행지를 추천해 줘"라고 하면 챗GPT는 체코의 체스키크룸로프나 독일의 로텐부르크와 같은 중세 마을을 추천할 수 있다. 또한 "해당 지역에서 중세 의상을 대여할 수 있는 곳"이라는 질문에 대해서도 추가 정보를 제공한다.

부캐 여행은 여행자의 상상력을 자극하며 이를 위해 챗GPT는 맞춤형 정보를 실시간으로 제공함으로써 여행 경험을 더욱 풍요롭게 만든다.

무계획 여행: 자유와 즉흥의 묘미

계획을 최소화하고 즉흥적으로 떠나는 무계획 여행은 자유를 중시하는 여행자들에게 인기 있는 테마다. 하지만 자유로운 여행일수록 예상치 못한 상황에 대한 대비가 중요하다. 챗GPT는 이런 여행에서 실시간으로 정보를 제공하며 예상치 못한 문제를 해결하는 데 유용하다.

예를 들어 여행자가 "지금 내가 있는 근처에서 갈 만한 곳을 추천해 줘"라고 요청하면 챗GPT는 사용자의 위치를 기준으로 가장 가까운 명소, 음식점, 또는 숙소를 안내할 수 있다. 또한 날씨나 시간대에 따른 추천까지 제공해 여행자가 상황에 맞는 결정을 내릴 수 있도록 돕는다. 또한 "지금 내가 있는 근처에서 도보로 걸어 다닐 수 있는 6시간 도보 코스를 추천해 줘. 대신 마지막 종착지는 내가 묵고 있는 호텔이야"라고 요청하면 시간 계획까지 고려한 여행 코스를 추천해 준다.

무계획여행은 계획의 부담을 덜면서도 예측 불가능한 즐거움을 선사하는 방식이다. 챗GPT는 이러한 여행의 즉흥성을 지원하며 여행자가 자신의 호기심에 따라 새로운 장소를 발견하도록 돕는다.

미식 여행: 맛으로 떠나는 세계 여행

음식은 한 나라의 문화를 가장 직접적으로 느낄 수 있는 가장 좋은 창구의 역할을 한다. 미식 여행은 단순히 음식을 먹는 것에 그치지 않고 현지 요리의 역사와 전통, 재료의 의미를 이해하는 여정이다. 예를 들어 이탈리아에서 피렌체의 스테이크를 맛보거나 일본에서 오사카의 타코야키를 먹는 것은 단순한 식사가 아니라 문화적 체험의 일부다.

챗GPT는 미식 여행의 든든한 가이드가 될 수 있다. 사용자가 "현지인이 자주 가는 맛집을 추천해 줘. 하지만 고수를 많이 사용하는 음식은 제외해 줘"라고 하면 챗GPT는 단순히 유명한 레스토랑만 나열하는 것이 아니라 지역의 숨은 맛집과 현지인 추천 메뉴를 안내한다. 또한 사용자가 "파리에 있는 미슐랭 3스타 레스토랑은 어디야?"라고 물으면 해당 정보를 제공하고 예약 팁까지 제안할 수 있다.

미식 여행은 입과 마음을 동시에 만족시키는 여행 방식이다. 챗GPT는 여행자가 미식의 즐거움을 최대한 느낄 수 있도록 세부적인 정보와 맥락을 제공한다.

저렴이 여행 : 효율적으로 즐기는 방법

저렴이 여행은 한정된 예산 내에서 최대한의 만족을 얻으려는 여행자들에게 인기가 많다. 특히 상대적으로 예산이 적을 수 있는 대학생, 사회 초년생이 자주 행하는 여행 형태다. 또한 가성비를 추구하는 여행으로 더욱 다양한 장소를 방문하고 많은 활동을 추구하게 되는데 숙소, 교통비, 식비 등 비용을 절감하는 동시에 의미 있는 경험을 추구하는 방식이다.

챗GPT는 저렴이 여행을 위한 최고의 동반자가 될 수 있다. 예를 들어 "서울에서 하루에 5만 원으로 여행할 수 있는 방법을 알려 줘"라는 질문에 대해 챗GPT는 예산 내에서 방문할 수 있는 명소, 저렴한 식당, 무료 행사 등을 추천한다. 또한 "항공권을 저렴하게 예약할 수 있는 시기는 언제야?" 같은 질문에도 유용한 답변을 제공한다.

저렴이 여행은 경제적 부담을 줄이면서도 여행의 질을 유지하려는 방식이다. 챗GPT는 예산 절약 팁과 함께 여행을 더욱 알차게 만드는 아이디어를 제공한다.

웰니스 여행: 몸과 마음을 치유하는 여정

웰니스 여행은 건강과 휴식을 중시하는 사람들에게 이상적인 테마다. 요가 리트리트, 온천, 자연 속에서의 명상 등은 스트레스를 해소하고 몸과 마음을 재충전하는 데 큰 도움을 준다.

챗GPT는 사용자가 "힐링할 수 있는 자연 속 리조트를 추천해 줘"라고 요청하면 지역별 웰니스 여행지를 제안할 수 있다. 예를 들어 발리의 우붓, 일본의 벳푸 온천, 스위스 알프스의 산악 리조트 등을 추천하며 해당 지역에서 제공하는 웰니스 프로그램 정보를 추가로 제공한다.

웰니스 여행은 현대인의 지친 몸과 마음을 돌보는 데 초점을 맞추고 있다. 챗GPT는 웰니스 여행의 목적에 맞는 장소와 활동을 안내하며, 여행자가 진정한 휴식을 경험할 수 있도록 돕는다.

테마 여행의 새로운 가능성을 열다

테마 여행은 개인의 관심사와 라이프스타일을 반영한 맞춤형 여행 방식이다. 챗GPT는 부캐 여행, 무계획 여행, 미식 여행, 저렴이 여행, 웰니스 여행 등 다양한 테마에서 여행자의 요구를 이해하고, 구체적이고 실용적인 정보를 제공한다.

여행자는 챗GPT와 함께 자신의 취향과 목적에 맞는 여행을 설계할 수 있으며 이를 통해 더 깊이 있는 경험을 누릴 수 있다. 테마 여행은 단순한 이동에서 벗어나 여행자 스스로의 이야기를 만들어 가는 과정이다. 형식적이고 고정된 틀에서 벗어나 챗GPT와 함께 기존에 겪어 보지 않았던 새로운 테마 여행을 떠나 보는 것은 어떨까? 어쩌면 여러분이 선택한 테마가 훗날 다른 사람에게 새로운 테마 여행으로 추천될 지도 모른다.

참고문헌

김나랑(2024.4.4). 에코 다이빙부터 AI 가이드까지, 2024 여행 트렌드 17. VOGUE KOREA

06
챗GPT와 함께하는 가상 여행

초연결과 초맞춤화 시대에서는 여행과 관련된 궁금증을 챗GPT와 대화하며 즉시 해결할 수 있다. 이를 통해 직접 여행하지 않아도 가상으로 여행을 체험할 수 있으며, 언제 어디서나 이러한 경험을 시작할 수 있다. 여행객들이 챗GPT를 활용하여 새로운 방식으로 세상을 탐험하며, 여행의 즐거움을 확장하는 과정을 설명한다. 가상 여행은 다양한 여행지 이미지를 구축하고, 맞춤 정보를 제공하여 여행 만족도를 높이며 생활화할 수 있게 돕는다.

가상 여행을 통한 여행의 일상화

'여행'이라는 단어는 많은 사람에게 설렘과 행복감을 불러일으킨다. 과거에는 특정 부유층만이 여행을 누릴 수 있었지만 점차 여행 형태가 다양해지고 접근성이 높아지면서 더 많은 사람이 여행을 즐길 수 있게 되었다(Towner, 1985). 사람마다 여행에서 느끼는 행복의 순간은 다를 수 있다. 어떤 사람은 여행 계획을 세우는 단계에서, 또 다른 사람은 짐을 꾸리거나 여행지에서 다양한 경험을 하며 행복을 느낀다.

이처럼 사람마다 여행의 모든 과정에서 행복감을 느끼는 방식과 정도가 다르지만 챗GPT는 여행 전, 중, 후 모든 과정을 지원하며 개개인의 여행 비서로서 여행의 만족도와 행복감을 높인다. 주목할 만한 부분은 챗GPT와 같은 첨단 인공지능 기술이 최신 기술과 모바일 기기에 익숙한 젊은 층의 일상에만 영향을 미치는 것이 아니라 다양한 연령층의 일상에도 자리 잡고 있다는 것이다.

아주 간단한 예로 필자의 정년퇴직을 하신 부모님은 챗GPT가 처음 등장하였을 때만 해도 전혀 챗GPT를 일상생활에서 사용하지 않았다. 이상한 일이 아니었다. 왜냐하면 필자도 단순 정보 탐색이나 번역 정도의 간단한 작업을 위해서만 챗GPT를 이용했기 때문이다. 그러나 머지않아 챗GPT의 다양한 기능들을 익히고, 짧은 시간 내 필요로 하는 정보를 빠르게 제공받으면서 챗GPT가 필자의 일상에 점차 밀접해지는 시기에 필자의 부모님도 챗GPT 앱을 핸드폰에 설치하여 적극적으로 활용하게 되었다. 예를 들어 여의도 한강공원에서 열리는 크리스마스 마켓과 인근에 있는 크리스마스 볼거리를 구경가기 위해 만날 장소를 정하는 과정에서 필자의 어머니는 각자의 위치와 교통수단을 고려한 최적의 위치를 챗GPT에 질문하여 답을 얻었고, 이를 기반으로 미리 동선과 시간, 그 밖에 고려할 사항을 파악하며 가상으로 도착지까지의 여정을 탐색하였다.

전통적으로 여행은 개인이 일상 환경에서 벗어나 실제로 새로운 장소를 방문하면서 다양한 경험을 하고 즐기는 현상으로만 인식되었다. 그러나 기술 발달로 여행지에 직접 방문하지 않고도 간접적으로 여행지를 체험할 수 있게 되면서 여행의 개념과 범위가 확장되었다. 챗GPT는 내가 원하는 여행 경험, 분위기, 비용 등을 고려하여 최적의 여행지 목록을 제시해 주며, 각 여행지에서의 여행을 가상으로 상세하게 체험하게 해 준다.

이는 과거에 여행을 가기 위해 여행자가 각종 여행지에 대한 정보를 탐색한 후 종합된 정보에서 적합한 여행지를 선정하고, 이후 해당 여행지에서 어떤 여행 일정을 보낼지를 순차적으로 결정해야 하는 과정을 단축시킬 뿐만 아니라 여러 여행지에 대한 사회적, 문화적 그리고 환경적 특성과 같은 독특한 특징과 함께 미식을 포함한 각종 여행지에서의 체험을 짧은 시간 내 간접적으로 체험할 수 있게 해 준다. 이는 여행에 대한 계획을 돕기도 하지만 일상생활에서 언제든 새로운 여행지를 가상으로 여행하며 여행지를 탐색하고 간접적으로 경험하며 여행지에 대한 이미지를 구축하게 해 준다.

상상의 나래를 확장시켜 주는 챗GPT 여행

과거 인터넷 검색이나 책을 통해 여행지에 대한 정보를 얻을 때는 제삼자가 제공한 한정된 정보를 기반으로 여행지에 대한 정보를 습득하고 해당 여행지의 이미지를 그리고 상상할 수 있었지만, 챗GPT와 대화 형태로 정보를 탐색하다 보면 나의 수요와 상상에 기반하여 여행지에 대한 맞춤 정보를 획득할 수 있다.

과거에는 단체 여행객들이 여행사가 짠 여행 일정에 따라 가이드와 함께 여행을 하는 것이 보편적이었다. 이러한 여행의 장점은 개인이 자세한 여행 계획을 세우는 수고를 덜고 좀 더 안전한 여행을 할 수 있다는 장점이 있지만 타인에 의해 계획된 일정으로 상대적으로 여행지와 여행 경험에 대한 상상의 나래를 확장시키는 데는 한계가 있다. 이후 점차 개인 맞춤형 여행에 대한 수요 증대와 이를 가능하게 해 주는 정보 통신 기술의 발달로 개인의 특성과 수요를 반영한 여행 계획이 가능해졌다. 이는 전체 여행 계획을 세우는 과정 그리고 여행 도중에 가상 여행 및 상상을 실제 여행과 연결해 주며 궁극적으로 여행 경험 만족도를 증진시킨다.

실제로 대한민국 서울에서 외국인이 한국의 문화를 체험하기 위해 3일간의 여행 일정을 세워 주되 너무 복잡한 곳은 피해 달라고 챗GPT에 작성하면 챗GPT는 식사를 위한 장소와 숙소에 대한 정보뿐만 아니라 오전, 오후, 저녁에 적합한 일정과 사회 · 문화적 배경을 함께 설명해 주며, 여행하기 전 여행지를 미리 상상하고 기대할 수 있는 상세한 정보를 제공해 준다.

나만의 여행 데이터베이스 구축

여행 데이터베이스는 이용자의 취향과 요구에 맞는 맞춤형 관심 여행지 정보, 여행 특성별 추천 장소 등을 체계적으로 저장하고 활용할 수 있는 도구다(Nitu, et al., 2021). 챗GPT는 사용자의 검색 기록과 선호도를 기반으로 개인 맞춤형 여행 데이터베이스를 구축할 수 있다. 예를 들어 특정 계절, 여행 기간, 테마별로 관심 있는 장소와 정보를 저장하여 다음 여행 계획 시 활용할 수 있다. 이 기능은 단순히 정보를 저장하는 것을 넘어 반복 입력 없이 대화를 이어가는 방식으로 사용자 경험을 향상시킨다.

이용자는 독립적인 프로젝트 기능을 통해 각 여행 테마별로 정리된 데이터를 손쉽게 관리할 수 있으며 여행지 정보와 선호 활동을 효율적으로 정리할 수 있다. 사람과 달리 챗GPT는 원하는 정확한 답변을 얻기 위해 고려해야 하는 모든 구체적인 사항을 늘 함께 알려 줘야 하는데 챗GPT 프로젝트 기능을 통해서 반복적으로 개인이 선호하는 여행 특성 등을 구체적으로 설명하지 않아도 대화를 이어 가며 정보를 얻을 수 있다. 또한 이러한 프로젝트 기능을 여행 특징에 따라 구축하여 개인 맞춤형 여행 정보 데이터베이스를 구축할 수 있다.

이러한 기능은 사람들이 여행지를 가상으로 여행하며 일상에 활기를 얻을 수 있게 도울 뿐만 아니라 여행 준비 과정, 여행 도중, 그리고 여행 후 여행 경험을 더욱 풍성하고 의미 있게 만들어 준다. 또한 개인화된 여행 데이터베이스를 활용하여 나만의 여행 패턴을 분석하고 활용할 수 있다. 예를 들어 챗GPT에 내 여행 취향과 내 여행 데이터베이스 특성을 분석하여 좋아하는 여행 스타일을 파악하고, 추후 여행 계획을 세울 때 과거 여행 패턴을 기반으로 새로운 여행지 정보와 활동을 추천받을 수 있다. 일정을 정리하는 데 그치지 않고 예산을 세우고 비용을 미리 계산하여 여행 경비 계획을 세울 수 있으며, 효율적인 여행 예산 배분을 사전에 도모할 수 있다.

이처럼 챗GPT를 통해 개인화된 여행 데이터베이스를 구축하여 더 나은 여행 경험을 설계하고, 과거 여행 경험과 미래 여행 계획을 연결하며 개인 맞춤형 여행의 가능성을 확장할 수 있다. 챗GPT가 일상에서 보편화되면서 이제는 여행의 정의도 좀 더 확장되고 있다. 비행기나 기차 등 이동수단을 이용해 직접 이동하지 않아도, 혹은 짐을 꾸리지 않아도 다양한 세계 각지를 가상으로 탐험하고 여행지의 이미지를 구축하는 것만으로도 여행의 연장선이 될 수 있다(Zhang, et al., 2022). 챗GPT와 함께하는 가상 여행은 단순한 정보 검색을 넘어서 새로운 여행 경험을 쌓는 일련의 과정이 될 수 있다. 단순하게는 개인 맞춤형 여행 계획을 세우고, 좀 더 챗GPT를 활용한다면 각 여행지의 문화, 음식, 역사, 자연환경 등에 대한 몰입형 설명을 대화 형식으로 이어나가며 마치 현지에서 여행하고 있는 듯한 느낌을 경험할 수 있다.

챗GPT를 통한 가상 여행의 장점은 여행자의 취향과 관심사를 계속해서 학습하여 이용을 거듭할수록 좀 더 개인화된 경험을 제공한다는 것이다. 예를 들어 미식을 즐기는 사람에게는 그 사람의 취향과 건강 특징 등의 개인화된 정보를 고려하여 여행지에서 지역 특징과 함께 만족도가 높은 음식과 음식점을 소개할 수 있다. 또한 단순 텍스트를 넘어 사진과 영상 등을 통해 여행지에 대한 정보를 접함으로써 가상 여행의 몰입감을 극대화할 수 있다.

참고문헌

Nitu, P., et al.(2021). Improvising personalized travel recommendation system with recency effects, *Big Data Mining and Analytics, 4*(3), 139-154.

Towner, J.(1985). The grand tour: A key phase in the history of tourism. *Annals of Tourism Research, 12*(3), 297-333.

Zhang, S., et al.(2022). Would you enjoy virtual travel? The characteristics and causes of virtual tourists' sentiment under the influence of the COVID-19 pandemic, *Tourism Management, 88*(104429).

07
위급 상황의 해결사 챗GPT

여행 중 낯선 공간, 낯선 상황에서의 위급 상황은 더욱 당황스럽고 대처하기 어렵다. 위급 상황에서는 짧은 시간 내 유용한 정보를 습득하여 신속하게 위급 상황에 대응해야 피해를 최소화할 수 있다. 챗GPT는 음성 인식 기능 등 다양한 기능을 통해 상황에 따라 여행객이 어떻게 대응하는 것이 좋은지, 어디에 연락을 취할 수 있는지에 대한 정보를 신속하게 전달해 주고, 이후 위급 상황을 해결하는 과정에서 여행객들이 정보를 탐색하는 시간을 단축시켜 위급 상황을 좀 더 효과적으로 해결할 수 있도록 돕는다.

여행객이 마주하는 위급 상황

일상에서 벗어나 새로운 공간에서 다양한 경험을 하는 여행은 낯선 환경과 경험의 연속이다. 이에 따라 여행 중 마주하는 다양한 위급 상황은 일상에서 마주하는 경우보다 대처하는 데 더 어려움이 따를 수 있다(Chen, et al., 2022). 여행 중 마주할 수 있는 위급 상황은 다양한데 불확실성과 각종 위기가 복합적으로 발생하는 현대 사회에서는 여행객이 여행 도중 마주할 수 있는 위급 상황은 훨씬 더 복잡할 수 있다. 과거에는 주로 범죄나 교통사고 등 여행지에서 혹은 이동하는 과정에서 발생하는 위급 상황이 주를 이루었으나 최근에는 특정 시간 및 공간에 여행객 과밀집으로 인한 안전 문제, 폭우, 폭염, 폭설 등 자연 재해로 인한 위급 상황 등 사회적, 경제적, 그리고 환경적 위급 상황이 복합적으로 여행객의 안전을 위협할 수 있다.

챗GPT는 위급 상황의 대비, 대응, 회복 단계에서 여행객, 서비스 제공자, 지역 사회를 아우르는 종합적인 지원 도구로서 작동할 수 있다. 이를 통해 개인의 안전과 만족도를 높이고, 관광 산업 전반의 신뢰와 지속 가능성을 강화할 수 있다. 온라인상의 방대한 데이터를 통해 잠재적인 위급 상황의 패턴을 챗GPT가 분석하여 알려 줌으로써 여행자들은 미리 위험을 예방하고, 위급 상황에 신속하게 대처하며, 빠른 회복이 가능하여 궁극적으로 안전하고 만족도가 높은 여행을 즐길 수 있다. 아래는 위기 대응의 세 단계인 대비, 대응, 회복 단계에서 챗GPT를 통해 불확실한 위급 상황에 대처할 수 있는 예시를 제시하며, 챗GPT의 효과적인 활용이 어떻게 여행객들의 삶을 더 안전하고 풍요롭게 만들 수 있는지를 보여 준다.

챗GPT로 여행 전 위급 상황 사전 준비하기

여행을 계획하는 단계에서 챗GPT는 여행객과 여행 서비스 제공자에게 잠재적 위급 상황 정보를 제공하여 발생 가능한 위급 상황에 사전 대비할 수 있도록 도울 수 있다. 예를 들어 여행객은 챗GPT에게 "나는 12월 25일에 광화문역 일대를 여행하려고 하는데 내가 방문하려는 곳에서 흔히 발생하는 안전 문제는 무엇이 있어?" 또는 "미국 서부 지역에서는 안전, 범죄 등에 대비하기 위해 무엇을 준비하고 사전에 숙지해야 해?"와 같이 질문할 수 있다. 챗GPT는 해당 여행지와 관련한 방대한 데이터(여행 후기, 지역 특징 등)를 기반으로 특정 시기, 시간에 자주 발생하는 치안 문제, 건강 관련 위험 등을 알려주며, 이에 따른 준비 사항을 제안한다.

이를 기반으로 여행객은 여행 전 챗GPT를 통해 효율적으로 여행 목적지와 관련하여 비상 상황에 필요한 준비물 체크리스트를 작성하고 예방 방법을 숙지할 수 있다. 예를 들어 여행객이 미국 플로리다 지역과 같이 매년 여름 허리케인 및 홍수와 같은 자연재해 가능성이 있는 국외 지역으로 여행을 떠날 경우, 챗GPT는 비상식량, 의약품, 휴대용 충전기와 같은 필수 물품 리스트를 제공하고, 대피소 위치나 비상 연락처도 알려 줄 수 있다. 이러한 대비는 여행객의 안전을 높이는 동시에 비상 상황에서의 대처 능력을 강화한다.

여행 서비스 제공자 혹은 지역 관계자에게는 고객의 안전을 위한 사전 대비책을 마련하도록 돕는다. 챗GPT는 관련 업종이나 지역 관계자에게 "각 여행 지역에서 발생할 수 있는 자연재해나 위급 상황에 대비하기 위해 어떤 시스템을 구축해야 하나요?"와 같은 질문에 답하며, 긴급 대피 계획 수립, 안전 교육 자료 작성, 비상 연락망 구축을 제안할 수 있다. 또한 챗GPT는 지역 사회의 재난 대비 시스템과 연계하여 서비스 제공자와 여행객 간의 원활한 정보 전달을 지원한다.

지역적으로는 챗GPT가 지역 주민과 관광객 간의 소통을 돕는다. 예를 들어 자연재해가 빈번한 지역에서는 챗GPT가 현지 대피소 정보, 안전 행동 지침 등을 관광객의 언어로 번역하여 전달할 수 있다. 이는 지역 사회가 관광객과 협력하여 위급 상황에 대비할 수 있도록 돕는 실질적인 방법이다. 이처럼 챗GPT는 낯선 장소로 여행을 떠난 여행객들이 사전에 발생 가능한 주요 위급 상황에 대한 정보를 사전에 숙지하고 대비하게 하여 여행의 안전성을 높일 수 있다.

챗GPT로 여행지에서 실시간 위급 상황 관리 및 대응

위급 상황이 발생했을 때, 챗GPT는 실시간으로 여행객과 관계자에게 유용한 정보를 제공할 수 있다. 특히 챗GPT의 기능이 점차 발전하면서 과거에는 텍스트를 입력하는 제한된 방식으로만 정보를 소통했다면 이제는 음성 인식, 각종 포맷의 파일 업로드가 가능해져 실시간 위급 상황 대응이 좀 더 효과적으로 가능해졌다. 예를 들어 지진이나 태풍과 같은 자연재해가 발생한 경우, 챗GPT는 "현재 내가 있는 위치에서 가장 가까운 대피소가 어디야?"와 같은 질문에 빠르게 답하며, 안전한 대피 경로를 안내할 수 있다. 또한 여행객이 긴급 상황에서 침착하게 대처할 수 있도록 필요한 대응에 대해 단계적으로 안내할 수 있다.

여행 서비스 제공자는 챗GPT를 활용해 위급 상황 발생 시 고객 관리에 필요한 정보를 실시간으로 전달할 수 있다. 예를 들어 호텔 운영자는 "현재 위급 상황에 대해 한국어, 중국어, 영어로 안내를 해주고 대피 방안, 대응 방안을 자세하게 설명할 수 있게 메시지를 만들어 줘"라고 하면 챗GPT로부터 안전한 행동 지침과 대피소 위치를 포함한 위급 대응 방안에 대해 다양한 언어로 작성된 효과적인 메시지를 받아 바로 고객에게 전달할 수 있다. 이는 고객의 안전을 보장하고 혼란을 최소화하며 서비스 제공자의 신뢰도를 높일 수 있다.

챗GPT는 또한 낯선 여행지에서 언어 장벽을 극복하는 데 중요한 역할을 한다. 외국에서 위급 상황에 직면한 여행객이 현지 주민이나 당국에 도움을 요청해야 할 때, 챗GPT는 간단하고 명확한 의사소통을 돕는 문구를 해당 언어로 제공할 수 있다. 예를 들어 "허리케인이 발생하여 식료품점에 식수와 응급 키트가 다 매진되었습니다. 어디로 가야 구할 수 있을까요?" 혹은 "허리케인 발생으로 인근 주유소에 기름이 동났는데 어디로 가야 주유를 할 수 있을까요?"와 같은 문장을 즉시 번역하여 현지인과의 의사소통을 원활하게 할 수 있다.

지역 사회에서도 챗GPT는 위기관리에 기여한다. 지역 사회 각 책임자는 챗GPT를 활용해 여행객에게 비상 알림을 여러 언어로 즉시 전달할 수 있으며, 실시간으로 업데이트되는 재난 정보를 제공할 수 있다. 이는 관광객의 안전을 보장하고, 지역 사회의 위기관리 역량을 강화하는 데 큰 도움을 준다. 또한 성공적인 위기 대응 사례를 빠르게 수집하여 각 지역에 적합한 맞춤형 위기 대응 계획 및 전략을 수립하는 데 도움을 받을 수 있다.

챗GPT를 활용하여 빠른 위급 상황 회복 지원

위급 상황이 끝난 후, 챗GPT는 여행객과 관계자가 회복 단계에서 필요한 지원을 받을 수 있도록 돕는다. 예를 들어 여행객이 "분실된 여권은 어떻게 재발급받을 수 있나요?" 또는 "보험사에 피해 보상을 어떻게 신청해야 하나요?"와 같이 질문하면 챗GPT는 필요한 절차를 상세히 안내한다. 또한 정신적 충격을 받은 여행객에게는 심리적 안정과 스트레스 관리를 위한 각종 서비스와 프로그램을 즉각적으로 추천할 수 있다.

여행 서비스 제공자는 챗GPT를 통해 손상된 시설 복구나 고객 신뢰 회복을 위한 전략을 수립할 수 있다. 예를 들어 챗GPT는 호텔 운영자에게 "○○○ 지역에 있는 ○○○ 호텔이 ○○○ 재난 발생 이후 고객의 신뢰를 회복하고 다시 고객의 이용을 높이려면 어떤 조치부터 취해야 하나요?"라는 질문에 대해, 할인 쿠폰 제공, 후기 요청, 위기 대응 사례 공유 등 고객 중심의 복구 계획을 제안할 수 있다. 이는 고객과의 관계를 강화하고 브랜드 신뢰도를 회복하는 데 도움을 줄 수 있다.

지역적으로는 챗GPT가 위기 상황 이후 지역 경제 회복에 기여할 수 있다. 재해를 겪은 지역에서는 관광이 빠른 경제 회복의 열쇠가 될 수 있는데 챗GPT는 관광객에게 "이 지역의 복구를 지원하기 위해 방문할 만한 소규모 상점이나 전통 체험 프로그램이 있나요?"와 같은 질문에 답하며, 지역 경제에 직접적인 도움이 되는 선택을 유도한다. 이는 관광객이 지역 사회와 긍정적인 방식으로 연결될 수 있도록 도울 수 있다. 또한 챗GPT는 위급 상황의 경험을 기록하고 공유함으로써 다른 여행자와 지역 사회가 유사한 위기 상황에 대비할 수 있도록 돕는다. 여행객은 "내가 제주도에서 경험한 태풍 피해 후기를 작성하고 싶어"라고 요청할 수 있으며 챗GPT는 후기를 구조화하고 유용한 정보를 포함하도록 지원한다. 이러한 후기 공유는 건전한 여행 문화를 형성하는 데 기여하며, 다른 여행자들에게 필요한 정보를 제공한다.

참고문헌

Chen, J., et al.(2023). Travel bubbles to maintain safe space for international travel during crisis–emotions reflected in Twitter posts, *Current Issues in Tourism, 26*(15).

08
여행 후기 공유를 위한 챗GPT

전혀 다른 언어를 사용하고 생소한 문화를 가진 여행지를 방문하는 것은 더 이상 낯설거나 어려운 일이 아니다. 여행객들은 챗GPT를 통해 다양한 여행지 정보를 쉽게 얻고, 빠른 번역으로 다른 여행객들의 다양한 후기를 효과적으로 접할 수 있게 되었다. 챗GPT는 저장된 데이터베이스를 활용해 다른 사람들의 여행 후기를 사용자의 언어로 자연스럽게 번역해 제공하며, 사용자가 작성한 여행 후기를 다양한 언어로 표현할 수 있도록 도와주는 개인 맞춤형 여행 지원 서비스다.

언어의 장벽을 넘어서 전 세계 다양한 여행객의 여행 후기 습득

여행객들은 여행을 떠나기 전 다른 여행객들의 후기를 다양한 매체를 통해 접할 수 있고, 이러한 사전 정보는 여행객들이 여행과 관련된 다양한 선택과 의사 결정을 하는 데 기반이 된다(Su, et al., 2021). 과거에는 여행객이 모국어나 기타 친숙한 언어로 작성된 제한된 후기를 위주로 정보에 접근할 수 있었다면, 이제는 챗GPT가 전 세계 여행자들의 후기를 한곳에 모아 사용자가 친숙한 언어로 자연스럽게 번역하여 요약정리 해 줌으로써 여행 정보의 접근성을 극대화해 준다. 예를 들어 "대한민국 전라남도 강진에서 아침 식사를 하기 좋은 식당을 추천해 줘"라고 요청하면 챗GPT는 여러 언어로 작성된 후기를 바탕으로 맛, 분위기, 서비스 등을 비교하여 가장 적합한 옵션을 제안할 수 있다.

또한 챗GPT는 단순히 번역된 정보를 제공하는 데 그치지 않고 사용자가 원하는 정보를 중심으로 정리해 준다. 복잡하거나 긴 후기에서 필요한 부분만 발췌해 이해하기 쉽게 정리해 주는데, 예를 들어 "○○○ 호텔에서 객실 청결 상태와 서비스 품질에 대해 가장 자주 언급되는 점은 뭐야?"라고 질문하면 챗GPT는 후기를 분석해 빈번히 등장하는 키워드와 문장을 요약해 준다. 이를 통해 사용자는 한두 개의 극단적인 의견에 의존하지 않고, 다수의 후기를 기반으로 객관적이고 신뢰할 수 있는 결론을 도출할 수 있다. 이는 여행객이 다른 여행객들의 후기를 탐색하는 데 소요되는 시간을 단축시키며, 빠르고 효과적으로 결정을 내릴 수 있도록 돕는다.

마찬가지로 여행객은 특정 지역, 음식점, 또는 투어에 대한 다른 여행자들의 다양한 경험과 후기를 손쉽게 접할 수 있다. 예를 들어 "미국 캘리포니아 남부 조슈아 트리 국립공원에 방문한 사람들의 여행 경험을 알려 줘"라고 묻는다면 챗GPT는 한국어, 영어, 프랑스어 등 다양한 언어로 작성된 후기를 번역해 주요 내용을 요약하여 제공한다. 이를 통해 여행자는 지역적 편향 없이 다채로운 의견을 기반으로 여행을 계획할 수 있다.

더 나아가 챗GPT는 후기 작성자의 배경 정보를 간접적으로 추론하여 맥락에 맞는 조언을 제공한다. 예를 들어 가족 여행객, 배낭 여행객, 또는 럭셔리 여행을 선호하는 사람 등 다양한 유형의 후기를 분류해 사용자의 여행 스타일에 맞는 정보를 선별합니다. "○○○ 여행지는 겨울철 가족 여행에 적합해?"라는 질문에 대해, 챗GPT는 가족 단위 여행객들이 작성한 후기에서 공통적으로 언급된 긍정적 및 부정적 요소를 추출하여 구체적인 답변을 제공한다.

이외에도 챗GPT는 후기의 최신성을 평가하여 현재 상황에 가장 적합한 정보를 제공한다. 특정 장소의 서비스 품질이나 시설은 시간이 지남에 따라 변할 수 있기 때문에 "○○○ 레스토랑의 최근 6개월 간 후기에서 가장 자주 언급된 특징은 뭐야?"와 같은 질문에 응답해 최신 정보를 기반으로 한 조언을 제공한다. 이를 통해 여행객은 최신의 서비스 특징 및 여행 동향을 반영하여 여행 계획을 세울 수 있다.

또한 챗GPT는 후기의 신뢰도를 의심해야 할 상황에 대해서도 경고할 수 있다. 예를 들어 지나치게 긍정적이거나 부정적인 후기들이 특정 플랫폼에 집중되어 있는 경우, 챗GPT는 "이 후기들이 광고성으로 작성되었을 가능성이 있을까?"라는 질문에 답하며 보다 균형 잡힌 판단을 내릴 수 있도록 도와준다. 이는 여행객이 후기의 신뢰성을 더 명확히 판단하고 여행 계획에 반영할 수 있는 중요한 기능이다. 결과적으로 챗GPT는 언어의 장벽을 넘는 것뿐 아니라 후기의 신뢰성과 맥락을 고려하여 여행 계획에 필요한 정보를 더 효과적으로 제공하는 도구로 자리 잡고 있다.

전 세계 잠재 여행객과의 소통 그리고 나의 여행 경험 공유

여행 후 직접 여행 후기를 작성하고 공유하는 행위는 단순히 여행을 기록하고 추억하는 것을 넘어 다른 여행객들에게 유익한 정보를 제공하고 더 나은 여행 문화를 형성하는 데 기여한다. 챗GPT는 이러한 후기 작성 과정을 간소화하고 보다 효과적이고 만족도 높은 후기를 생성하도록 돕는 중요한 도구로 활용될 수 있다. 여행자는 여행의 감동적인 순간, 실질적인 노하우, 예상치 못한 어려움 등 여행 중 겪었던 경험을 기반으로 생생하고 유익한 후기를 작성할 수 있으며 챗GPT는 이를 체계적이고 매력적인 글로 다듬어 준다.

예를 들어 필자가 여행 블로그에 여행 후기를 작성하기 위해 챗GPT에 "연말에 대한민국 서울 성수에 위치한 ○○○ 음식점에서 ○○○ 본 메뉴와 ○○○ 디저트를 ○○○ 음악을 들으며 기분 좋게 먹은 경험을 공유하고 싶어, 음식의 맛과 분위기, 서비스를 고려해 후기를 작성해 줘"라고 요청하면, 챗GPT는 음식의 맛, 음식점의 분위기, 연말이라는 특별한 시기, 서비스 등을 고려해 글의 구성을 제안한다. 또한 다른 여행객들의 흥미를 끌 수 있는 도입부나 공감대를 형성할 수 있는 개인적인 에피소

드를 추가하는 방법도 알려줄 수 있다. 이를 통해 필자는 단순한 정보 전달을 넘어 필자의 블로그 글을 읽을 독자들에게 강렬한 인상을 남기는 후기를 작성할 수 있다.

후기를 전 세계 다양한 언어를 사용하는 사람들과 공유하기 위해 다국어 번역 기능도 중요한 역할을 한다. 챗GPT는 사용자의 후기를 다양한 언어로 번역할 수 있을 뿐 아니라, 각 언어의 문화적 뉘앙스를 고려하여 자연스럽고 읽기 쉬운 문장을 구사한다. 예를 들어 "내 후기를 영어, 스페인어, 중국어로 번역해 줘, 특히 각 언어의 특징을 고려하여 이해하기 쉽고 자연스럽게 번역해 줘"라고 요청하면 단순한 직역이 아니라 각 문화권 사람들이 쉽게 이해하고 공감할 수 있는 표현으로 다듬어 준다. 이를 통해 사용자는 글로벌 플랫폼에서 더 넓은 독자층과 소통할 수 있다.

나아가 챗GPT는 여행 후기 작성의 목적과 톤에 맞는 다양한 스타일을 지원한다. 사용자가 "내 후기를 조금 더 전문가 입장에서 전달할 수 있도록 수정해 줘" 혹은 "친근한 느낌으로 간단히 정리해 줘"라고 요청하면 사람들이 읽기 쉽고 적절한 톤으로 후기를 변환할 수 있다. 이는 작성자가 자신의 생각과 핵심 전달 내용을 유지하면서도 독자층에 맞는 효과적인 메시지를 전달할 수 있도록 도울 수 있다. 이처럼 챗GPT는 여행 후기를 효과적으로 작성하고 공유할 수 있는 강력한 도구를 제공하며, 개인의 경험이 전 세계적으로 공감과 유익을 불러일으킬 수 있도록 지원한다. 이는 여행 후기를 통해 여행자 간 신뢰를 형성하고, 정보의 투명성을 높이는 데도 기여한다.

챗GPT를 통한 건전하고 건강한 여행 후기 공유 체계 구축

챗GPT는 여행 후기를 단순히 작성하거나 읽는 것을 넘어 신뢰할 수 있고 건전한 후기 공유 문화를 조성하는 데 중요한 역할을 할 수 있다. 후기 작성자는 자신의 경험을 통해 다른 여행자들에게 유익한 정보를 제공하고, 챗GPT는 이를 보다 효과적으로 구성하고 다양한 언어로 전달할 수 있도록 도와준다. 필자가 작성한 여행 후기를 챗GPT에 입력한 후 "내 후기를 현재 여행을 계획하는 다른 사람들, 특히 미식 여행을 계획하는 사람들에게 어떻게 더 유용하게 전달할 수 있을까?"라는 질문을 던지면, 챗GPT는 후기 작성 시 필자에게 필요한 정보를 중심으로 구체적이고 신뢰성 있는 구조를 제안한다. 예를 들어 장점, 단점, 팁 등 후기의 주요 요소들을 나열하고, 이러한 정보를 뒷받침할 수 있는 사진, 영상, 기타 관련 자료를 함께 포함하라고 권장할 수 있다. 이는 다른 사람들이 후기를 신뢰할 수 있도록 근거를 제공하며, 더 나은 결정을 내리는 데 도움을 준다.

신뢰 기반 후기 작성 문화 형성을 통해 챗GPT는 여행자와 관광 산업, 관광지 간의 투명한 소통을 촉진할 수 있다. 예를 들어 "○○○ 호텔에 대한 내 여행 경험을 바탕으로 후기를 작성하고 싶어. 청결과 관련된 문제를 지적하되 서비스와 관련된 주요 장점들을 건설적으로 보이게 작성하고 싶어"라고 요청하면 챗GPT는 비판적인 내용을 긍정적인 해결 방안과 함께 서술하는 방식을 제안할 수 있다. 이는 작성자와 독자, 그리고 후기 대상인 업체 모두에게 건설적인 소통과 문제 해결을 위한 방안 마련을 가능하게 한다.

마지막으로 챗GPT는 후기 공유를 통해 여행의 긍정적인 영향력을 확대한다. 특정 여행지가 친환경적인 실천을 하고 있다면 "○○○ 지역의 환경 보호 노력에 대해 후기를 작성해 줘"라는 요청에 따라 챗GPT는 환경 보호의 중요성을 강조하면서도 여행 경험 만족도를 높이는 부분들에 대해 자세한 후기를 작성할 수 있도록 돕는다. 이는 여행 후기가 단순히 정보 전달을 넘어 건강하고 건전한 여행 문화를 형성하는 데 기여할 수 있도록 지원한다. 이처럼 챗GPT는 후기 작성과 공유의 모든 과정에서 여행객의 만족도를 높이고 여행 산업 전반에 신뢰와 투명성을 구축하며, 긍정적이고 지속 가능한 여행 문화를 조성하는 데 기여할 수 있다.

참고문헌

Su, L., et al.(2021). How tourism activity shapes travel experience sharing: Tourist well-being and social context. *Annals of Tourism Research, 91*(103316).

09
챗GPT와 관광 산업의 공존

관광은 전 세계 산업 분야 중 챗GPT를 포함한 인공지능 기술을 가장 활발하게 활용하는 분야 중 하나다. 챗GPT는 여행객이 원하는 서비스를 맞춤 제공하고, 관광 자원을 효율적으로 관리하며, 지역 사회와 협력해 관광의 지속 가능성을 높이는 데 큰 도움을 준다. 특히 챗GPT는 방대한 데이터를 분석해 여행객의 취향에 맞는 여행지를 추천하거나 여행객과 지역 주민 사이의 소통을 돕고, 현지 문화를 더 잘 이해할 수 있도록 한다. 이로써 여행은 사람들에게 즐거운 경험이 되고, 지역 사회에는 긍정적인 영향을 주는 상생 기회를 만든다.

관광객을 위한 맞춤형 서비스 제공

챗GPT가 사용자의 질문에 대해 정보를 제공하는 원리는 기존의 방대한 데이터베이스를 학습하고 그 안에서 특정 패턴을 찾아내 질문에 적합한 답을 찾아 제시하는 것이다. 질문이 정교할수록 이용자는 좀 더 개별 취향과 요구에 적합한 개인화된 여행 정보를 얻을 수 있다. 과거에는 여행객들이 책이나 다양한 웹 사이트를 탐색, 혹은 주변 사람들의 추천 등을 통해 여행 정보를 얻었다. 그러나 점차 인공지능 기술이 발달하고 이용성과 활용성이 높아지면서 실시간 대화를 통해 세밀하고 개인화된 정보를 효과적으로 얻을 수 있게 되었다.

예를 들어 기존 여행 계획에서 갑작스럽게 비나 눈이 내려 여행 일정을 변경해야 할 때에도 날씨를 고려하여 실시간으로 여행 일정을 개인의 취향과 요구에 맞게 수정할 수 있다. 이는 여행객이 더 적은 노력으로 더 나은 선택을 빠른 시간 내 할 수 있도록 돕는다. 이러한 기능은 단순히 여행 일정을 수정하는 데만 도움이 되는 것이 아니라 언어와 문화적 장벽을 허물어 전 세계 각 여행지에서의 여행 경험의 접근성을 높인다. 예를 들어 프랑스의 작은 시골 마을을 방문한 한국인 관광객이 챗GPT를 통해 "이 지역에서 내가 경험하면 좋은 대표 음식은 뭐야?"라고 질문하면 현지 특성과 언어를 번역하고, 음식의 성분이나 추천을 상세히 설명할 수 있다. 이러한 서비스는 단순한 정보 전달을 넘어 여행객의 불안감을 줄이고 여행 경험을 더욱 풍부하게 만들어 준다. 특히 다국어 지원과 현지 문화를 고려한 답변은 여행객이 현지와 자연스럽게 실시간으로 소통하도록 도와준다.

실제로 필자는 챗GPT에 프랑스어로 된 음식점 메뉴판을 업로드한 뒤 "메뉴판을 한국어로 바꿔 주고 각 요리의 특징을 기반으로 몇 가지 메뉴를 추천해 줘"라고 했더니 10초도 채 되지 않아 필자가 업로드한 프랑스어로 된 메뉴판 이미지에서 텍스트를 추출하고 메뉴를 번역한 뒤, 가벼운 요리를 원할 경우, 풍미가 진한 요리를 선호하는 경우, 또는 채식주의자인 경우 등 메뉴의 특징과 성분을 고려하여 추천 코스를 제안 받았다. 즉 이제는 더 이상 언어가 달라 여행지에서 겪는 불편함을 고스란히 여행객이 감내해야 하는 것이 아니라 언어와 문화의 장벽을 없애고 개인 맞춤형 여행을 즐길 수 있게 된 것이다.

지속 가능한 관광 자원 관리

과거에는 특정 유명 여행지를 기반으로 여행이 이루어져 여행 자원의 관리가 단순했다면 점차 여행의 테마와 여행객들의 수요가 다양해지면서 관광을 위한 자원의 개발과 관리가 복잡해지고 있다(Luštický & Štumpf, 2021). 특히 현재 세대뿐만 아니라 미래 세대를 위한 지속 가능한 관광 자원 관리는 우리 사회에서 필수 사항이 되었다. 챗GPT는 관광 자원을 지속 가능하게 관리하기 위해 산업, 정책, 지역 사회 등 다양한 측면에서 실질적인 도구로 활용될 수 있다(Gursoy, et al., 2023). 챗GPT를 활용하여 관광 자원을 관리하는 방법은 여러 가지가 있다.

먼저 관광 비즈니스 측면에서 챗GPT는 고객의 이동, 소비, 예약 패턴 등을 분석해 특정 지역의 혼잡도를 예측하고, 수요에 맞춘 공급 조절로 여행 경험의 만족도를 높이는 데 기여할 수 있다. 예를 들어 성수기 해변 여행을 계획하는 고객에게는 인근의 덜 알려진 대체 관광지를 추천하여 혼잡을 분산시키고, 특정 관광 자원의 과도한 사용을 방지한다. 이는 여행객이 더 쾌적한 환경에서 시간을 보낼 수 있도록 돕는 동시에 환경 보존에도 기여한다. 또한 기업은 챗GPT를 통해 환경적으로 지속 가능한 여행 선택을 고객에게 안내할 수 있다. 이를 통해 고객은 환경을 고려한 결정을 고려할 수 있고, 이는 기업의 지속 가능성 이미지와 고객 충성도 향상으로 이어질 수 있다.

관광 산업의 일반적 측면에서 챗GPT는 관광과 관련된 모든 데이터를 통합하고, 관광 흐름을 보다 효과적으로 관리하는 데 도움을 줄 수 있다. 관광 데이터는 종종 여러 기관에 의해 관리되고 한 번에 수집하여 이용하기에 여러 곳에 흩어져 있어 어려움을 유발하지만, 챗GPT는 방대한 데이터를 통합하고 분석하여 보다 명확한 통찰과 시사점을 도출하는 데 유용하다. 예를 들어 특정 지역의 숙박 시설 점유율, 입장객 수, 교통량 데이터를 결합해 특정 명소가 수용할 수 있는 최대 관광객 수를 예측하고 관리할 수 있다. 이와 함께 챗GPT는 인공지능 기반 추천 시스템을 활용해 관광객을 덜 혼잡한 시간대나 지역으로 유도할 수 있다. "○○○ 지역에서 지금 방문하기 적합한 여행지는 어디야?"와 같은 질문에 챗GPT는 실시간 데이터와 계절적 요인을 분석해 최적의 대안을 제안할 수 있다. 이는 산업 전반에 걸쳐 자원의 과도한 사용을 방지하고, 관광객과 현지 주민 모두에게 더 나은 경험을 제공한다.

정책 측면에서 챗GPT는 지속 가능한 관광 정책을 설계하고 시행하는 데 강력한 도구로 활용될 수 있다. 정책 입안자는 챗GPT를 활용해 지역별 데이터를 분석하고, 특정 정책이 지역 사회와 환경에 미치는 영향을 예측할 수 있다. 예를 들어 입장료 수익을 지역 환경 보존에 재투자하는 정책을 설계할 때, 챗GPT는 예상 수익과 효과적인 분배 방안을 제안할 수 있다. 또한 챗GPT는 정책 커뮤니케이션에도 중요한 역할을 한다. 지역 주민과 관광객에게 정책의 목표와 중요성을 설명하고, 그들의 피드백을 수집하는 과정을 지원할 수 있다. 예를 들어 "이 지역에서 새로운 보존 정책을 시행하려고 해. 주민들의 의견을 어떻게 효과적으로 모을 수 있을까?"라는 질문에 대해 챗GPT는 온라인 설문, 커뮤니티 미팅 등의 방법을 제안하고 설문 문항도 작성할 수 있다.

지역 사회와 관광의 상생

챗GPT는 지역 사회와 여행객 간의 상호 작용을 촉진하며, 지속 가능한 여행을 지원하는 효과적인 도구로 활용될 수 있다. 예를 들어 여행객이 "이 지역에서 어떤 문화적 금기를 조심해야 해?" 또는 "이 지역에서 주의해야 할 환경 보호 수칙은 뭐야?"와 같은 질문을 통해 해당 지역의 문화와 환경 보호에 대한 정보를 얻을 수 있도록 도와준다. 이러한 맞춤형 정보 제공은 관광객이 지역 문화를 존중하고 환경 보호 활동에 참여하도록 유도하며, 이를 통해 관광객과 지역 사회 간의 조화로운 관계를 형성하고 주민들에게 긍정적인 경험을 제공한다.

또한 챗GPT는 지역 주민이 운영하는 소규모 상점, 전통 체험 프로그램, 환경 친화적 투어와 같은 지역 맞춤형 활동들을 추천함으로써 지역 경제 활성화에 기여한다. 이러한 추천은 관광객이 독특하고 의미 있는 경험을 할 수 있도록 돕는 동시에 주민들에게 직접적인 경제적 혜택을 제공할 수 있다. 이 외에도 전 세계에서 시행 중인 친환경 여행 활동을 국내 여행지에 적용할 수 있는 방식을 제안하여 지역 사회가 지속 가능성을 유지하면서도 관광으로부터 경제적, 사회적 혜택을 얻을 수 있도록 지원한다. 이러한 접근은 관광 생태계 전반의 지속 가능성을 강화하고, 모두에게 긍정적인 영향을 미칠 수 있는 기반을 마련하는 데 기여한다.

참고문헌

Gursoy, D., et al.(2023). 챗GPT and the hospitality and tourism industry: an overview of current trends and future research directions, Journal of Hospitality Marketing & Management, 32(5), 579-592.

Luštický, M. & Štumpf, P.(2021). Leverage points of tourism destination competitiveness dynamics. *Tourism Management Perspective, 38*(100792).

10
인공지능과의 동행

인공지능과의 동행은 단순 기술의 활용을 넘어 여행객, 여행 산업, 여행지가 서로 조화를 이루는 생태계를 만드는 과정이다. AI는 인간의 창의성과 공감 능력을 조력하며, 데이터 기반의 효율성과 지속 가능성을 실현하는 강력한 도구다. 결국 AI는 우리가 더 나은 결정을 내리도록 돕는 조력자고, 여행의 진정한 의미는 인간이 직접 만들어 나가야 한다. AI와 인간의 협력은 여행을 단순한 이동에서 벗어나 경험과 의미의 영역으로 확장한다. 이를 통해 여행은 개인, 산업, 그리고 지역 모두에게 더욱 풍요로운 미래를 열어갈 것이다.

여행객과 인공지능의 동행

여행은 단순히 계획하고, 떠나고, 돌아오는 과정뿐만 아니라 일상 속에서 이어지는 하나의 여정이다. 여행 전에는 설렘 속에서 정보를 찾아보고 계획을 세우며 기대감을 키우고, 여행 중에는 새로운 장소와 문화를 탐험하며 현재를 만끽한다. 여행이 끝난 후에는 경험을 공유하고 추억을 되새기며 여행의 즐거움을 이어나간다. 이처럼 여행은 단순히 순간의 경험이 아니라 일상 속에서도 계속해서 그 여운을 즐기며 스스로를 발견하고 성장해 가는 과정이다. 특히 AI와 함께하는 여행은 이러한 여정을 더욱 풍요롭게 만든다. AI는 여행객이 자신만의 독창적인 경험에 집중할 수 있도록 도와주고, 개인화된 추천과 지원을 통해 더 깊이 있는 의미를 찾아가는 데 기여한다.

일련의 여행 과정에서 AI가 적극적으로 동행되어야 하는 이유는 여행객의 개인화된 요구를 충족하고, 제한된 자원을 효율적으로 사용할 수 있게 도와주기 때문이다. AI는 방대한 데이터를 기반으로 사용자의 선호도와 과거 경험을 분석하여 맞춤형 추천을 제공한다. 이는 일반적으로 다양한 온라인 플랫폼에서 여행 정보를 검색하거나 가이드북 등의 자료를 통해 정보를 얻는 것과 비교해 훨씬 세밀하고 개인화된 정보를 얻을 수 있다.

예를 들어 특정 사용자가 역사적인 명소를 선호하거나 독특한 음식 체험을 좋아하는 경우, AI는 이러한 여행객의 선호 사항, 예산, 여행지의 독특한 특징 등을 반영해 최적의 일정과 목적지를 제안할 수 있다. AI 활용의 주요 장점은 시간 절약과 신속한 의사 결정이다. 수십 개의 웹사이트를 검색하거나 리뷰를 읽는 대신, AI는 가장 적합한 정보를 빠르게 정리하여 제공할 수 있다. 이는 여행객이 더 많은 시간을 경험에 집중할 수 있게 하며, 계획 과정에서의 스트레스를 줄이는데 기여한다.

특히 실시간으로 변화하는 상황(항공편 지연, 날씨 변화, 비상 상황 등)에 대한 대처 능력도 향상시켜 준다. 앞으로 점점 더 AI 기술이 고도화되고, 더 많은 데이터가 축적되고, 각 개인의 AI 서비스 활용 숙련도(프롬프트 작성, 음성 기능 활용 등)가 상승한다면, AI는 여행객의 정서적 반응까지 고려한 초개인화 여행 경험을 효율적으로 설계할 것으로 전망된다. 예를 들어 AI는 여행 중 사용자의 감정 상태(스트레스, 피로, 즐거움 등)를 실시간으로 모니터링하고, 이에 따라 적합한 활동(휴식, 액티비티)을 추천하거나 일정을 조정할 수 있다.

이러한 기술 발전은 여행이 단순한 특정 여행지 방문을 넘어 여행객의 심리적, 정서적 만족도를 극대화하는 방향으로 나아갈 것이다. AI를 적극적으로 활용함으로써 여행객은 단순히 목적지를 방문하는 것에서 벗어나 더 깊이 있는 체험과 개인화된 만족을 경험할 수 있다. 이는 여행의 새로운 패러다임을 형성하며, 여행객이 자신의 경험을 보다 풍부하게 디자인할 수 있도록 돕는 중요한 도구가 될 것이다.

하지만 이러한 기술이 모든 걸 대체할 수는 없다. 여행 중의 감동적인 순간, 현지인과의 교감, 예기치 못한 발견들은 사람만이 온전히 느끼고 표현할 수 있는 부분이다. AI는 이러한 경험을 더 잘 준비하고 기록할 수 있도록 도와주는 도구에 불과하다. 예컨대 여행 후 "이번 여행을 요약해 줘"라는 요청에 AI는 여행 중 방문한 장소, 중요한 순간들을 구조화하여 여행 후기를 정리하는 데 기여할 수 있으며, 각 개인의 일상에서 상황에 따라 초개인화된 맞춤형 여행 정보를 제공해 주며 좀 더 풍요로운 삶을 영위할 수 있도록 동행할 것이다.

여행 산업과 인공지능의 동행

여행 산업은 전 세계적으로 수십억 명의 사람과 물자를 움직이는 복잡한 네트워크를 동반한다. AI는 이러한 관광 산업의 복잡한 네트워크를 더 효율적이고 지속 가능하게 만들어 준다. 특히 AI는 데이터 기반의 의사 결정을 가능하게 하며 운영 효율성을 극대화한다(Gursoy, et al., 2023). 여행 산업에서 AI를 적극 활용해야 하는 이유는 효율성과 지속 가능성, 그리고 경쟁력을 동시에 확보할 수 있기 때문이다. AI는 데이터 분석과 예측 모델링을 통해 고객의 행동 패턴과 수요를 미리 파악할 수 있다. 이를 활용하여 항공사, 호텔, 여행사 등 관련 비즈니스는 고객 행동 데이터를 분석하고, 수요를 예측하여 자원과 인력을 최적화할 수 있다. 예를 들어 AI는 성수기와 비수기, 지역별 방문객 흐름을 분석해 항공편, 숙박 시설, 투어 예약 등의 자원을 최적화할 수 있다.

실제로 점차 AI 기반의 고객 서비스는 여행 산업에서 새로운 표준이 되고 있다. 챗봇은 고객의 질문에 24시간 응답하며, 단순한 예약 변경부터 복잡한 일정 설계까지 지원한다. 이를 통해 여행사와 호텔 직원은 반복적이고 소모적인 작업에서 벗어나 고객의 만족도와 효과적인 운영을 위한 상호작용에 더 집중할 수 있다. 즉 AI는 단순히 효율성을 높이는 도구가 아니라 인간이 더 중요한 일에 집중할 수 있도록 만들어 주는 것이다(박태웅, 2024). 궁극적으로 이는 공급 과잉이나 부족으로 인한 경제적 손실을 줄이고, 서비스 제공자의 업무 환경과 고객 경험 및 만족도를 향상시킬 수 있다.

AI는 또한 지속 가능한 여행을 구현하는 데 중요한 역할을 한다. 여행지가 혼잡해지는 문제를 해결하기 위해 AI는 특정 명소의 방문 데이터를 기반으로 대체 여행지를 추천할 수 있다. 이를 통해 환경 부담을 줄이고, 여행객이 보다 쾌적한 환경에서 여행을 즐길 수 있도록 도울 수 있다. 이는 단순히 환경 보호를 넘어서 여행 산업이 장기적으로 지역 사회와 조화를 이루며 발전할 수 있는 기반을 마련하며, 궁극적으로는 지속 가능한 여행 생태계를 구축하는 데 기여한다.

미래의 여행 산업에서는 여행 전문가 및 관계자와 AI의 협업이 더욱 긴밀해질 것이다. AI가 기본적인 데이터 분석과 맞춤형 추천을 담당하면, 사람은 이를 보완하여 더욱 창의적이고 혁신적인 여행 생태계를 구축할 수 있도록 자원, 서비스, 정책 등을 개선하는 방식이다. 이러한 인간-AI 하이브리드 모델은 고객 만족도를 극대화하고, 여행 산업의 지속 가능성을 강화하는 핵심 전략으로 자리 잡을 것이다. 이처럼 점점 AI는 여행 산업에서 인간과 AI의 협력 모델을 더욱 발전시킬 것이다. 다만 건강하고 지속적인 발전을 위해서는 반드시 AI의 역할과 사람의 역할을 명확히 구분하고, 사람이 AI가 도출해 낸 결과

물과 기능을 효과적으로 활용할 수 있는 견고하고 건강한 환경이 구축되어야 한다.

여행지와 인공지능의 동행

여행지는 그곳을 방문하는 여행객들과 여행지에 사는 지역 주민들, 여행지를 구성하는 자원들, 그리고 여행지의 고유한 특징 사이의 상호 작용을 통해 발전한다. 이러한 과정이 조화롭지 않다면 여행지는 소멸할 수밖에 없다. AI는 여행지와 지역 사회의 균형을 맞추고, 지속 가능한 성장을 지원하는 데 핵심적인 역할을 한다.

구체적으로 여행객에게 지역 주민이 운영하는 소규모 상점, 전통 체험 프로그램, 지역 특산품 판매점 등을 추천함으로써 관광 수익이 지역 사회로 직접 환원되도록 도울 수 있다. 이러한 과정은 여행객과 지역 주민 간의 상호 작용을 강화하고, 지역 경제를 더욱 튼튼하게 만든다. 특히, 다국어 지원을 통해 관광객과 지역 주민 간의 언어 장벽을 허물어 문화적 이해와 존중을 증진시키는 데도 기여할 수 있다. 이러한 순기능을 기반으로 지역 사회는 AI를 활용해 지속 가능한 관광 정책을 설계하고 실행할 수 있다. AI는 관광 흐름 시공간 빅데이터를 분석하고, 지역 주민의 피드백을 바탕으로 지역 맞춤형 환경과 문화를 보존하는 방법을 제안하기도 한다. 이는 지역 사회가 관광으로부터 긍정적인 영향을 극대화하면서도 자원을 효율적으로 보호할 수 있도록 돕는다.

앞으로 점차 AI는 관광객과 지역 사회 간의 참여를 더욱 강화하는 역할을 할 것이다. 예를 들어 관광객이 "이 지역에서 존중해야 할 문화적 규범은 무엇인지 설명해 줘"라고 물으면 AI는 그 지역의 풍습과 에티켓을 명확히 설명하며, 여행객이 책임 있는 여행을 실천하도록 유도한다. 이는 여행객과 지역 사회 간의 긍정적인 연결을 강화하고, 지속 가능한 관광 생태계를 조성하는 데 기여할 것이다. AI와 지역 사회의 협력은 단순히 지역의 관리 효율성을 높이는 데 그치지 않는다. 이는 여행객과 지역 주민, 그리고 지역의 산업 모두에 지속 가능한 혜택을 제공하며, 여행지가 장기적으로 성장할 수 있는 기반을 마련한다. AI를 활용한 데이터 기반의 정책과 실행은 여행지가 환경, 경제, 그리고 문화적 측면에서 모두 균형을 이루는 발전을 이루게 할 것이다.

AI와의 동행은 여행객, 여행 산업, 여행지 각각에 새로운 가능성을 열어 준다. AI는 데이터를 분석하고 복잡한 작업을 처리하며, 인간은 창의적이고 감정적인 면에서 AI를 보완한다(박태웅, 2024). 이 상호 작용은 개인화된 여행 경험, 지속 가능한 관광 모델, 지역 사회와의 상생을 실현하는 데 필수적이다. AI와 인간의 협업은 여행이 단순한 이동을 넘어 경험과 의미를 창조하는 과정이 되도록 이끌어 갈 것이다. 여행의 미래는 AI와 인간이 함께 만들어 가는 지속 가능하고 풍요로운 생태계 속에서 펼쳐질 것이다.

참고문헌

박태웅(2024). 『박태웅의 AI 강의 2025』. 한빛비즈.

Gursoy, D., et al.(2023). 챗GPT and the hospitality and tourism industry: an overview of current trends and future research directions, *Journal of Hospitality Marketing & Management, 32*(5), 579-592.

김민준

대구정책연구원 미래전략연구실 부연구위원이다. 경희대학교 지리학과에서 학사, 석사, 박사 학위를 받았다. 대구정책연구원에서 시정 연구를 진행하고 있다(2023~현재). 주요 저서로 『대구시 인구감소지역 야간관광 활성화 방안』(2024), 『파이썬을 활용한 공간분석 도구 개발』(2024) 등이 있다. "생성형 인공지능 서비스로 살펴본 지방소멸 위기 대응과 한계점: 챗GPT와 Bard를 활용하여"(2023) 등 다수의 논문을 SCI, KCI 등 등재 학술지에 게재했다.

양은정

경희대학교 관광학과, 스마트관광원 조교수다. 학부와 석사는 경희대학교에서 지리학을 전공했고 미국 플로리다대학교에서 관광학 박사 학위를 받았다. '더 나은 관광 그리고 더 나은 사회(Better Tourism and Better Society)'라는 연구 어젠다 아래 관광, 지리학, 그리고 지리정보과학(GIS)을 융복합한 연구를 진행하고 있다. 특히 관광객, 지역 주민, 관광 자원과 비즈니스, 그리고 지역사회를 유기적으로 연계해 지속 가능 발전을 위한 국제 연구에 기여하고 있다. 이와 관련해 최근 5년간 "지속가능발전", "위기관리", "관광 수요-공급", "시공간분석모델링" 관련 JCR 분야별 상위 5% 이내 논문인 Tourism Management와 Annals of Tourism Research를 포함해 주요 국제 1급 학술지(SCSI)에 다수의 논문을 게재해 관광 분야에서 꾸준히 연구 성과를 내고 있다.